Les templiers

Dominique Lormier

LES TEMPLIERS

ÉDITIONS DE VECCHI S.A.
52, rue Montmartre
75002 PARIS

Photo de couverture : © Fototeca/Leemage

Introduction

Christianisme et islam

L'origine des templiers est directement liée à l'histoire des croisades au XIe siècle. À cette époque un dramatique face-à-face oppose, autour de la Méditerranée, deux grandes religions monothéistes : le christianisme et l'islam.
Le christianisme se fonde sur la personne et l'enseignement du Christ, Jésus de Nazareth, prophète reconnu par les chrétiens comme le Messie annoncé par la Bible, l'envoyé de Dieu aux hommes. Cette religion a pour symbole la croix. Jésus-Christ a prêché en Galilée, au début de notre ère, un message d'amour, annonçant le pardon des péchés et la vie éternelle, avant d'être crucifié et de ressusciter au troisième jour. Ses disciples ont parcouru le monde pour répandre son message et la bonne nouvelle de sa résurrection. Ses quatre principaux disciples ont relaté sa vie et son enseignement dans les Évangiles. La nouvelle religion, née au sein du judaïsme, s'en est rapidement émancipée. Persécutés par le pouvoir romain, les premiers Chrétiens ont lutté pour la survie de leur religion jusqu'au règne de l'empereur Constantin, qui leur a accordé la liberté de culte par l'édit de Milan en 313. À la fin du IVe siècle, l'empereur Théodose déclare le christianisme religion officielle de l'Empire romain.
L'Église chrétienne élabore peu à peu ses structures institutionnelles et sa doctrine, le plus souvent en réaction au développement d'hérésies. En 325, le concile de Nicée définit le *Credo*, texte synthétisant les croyances chrétiennes. Les chrétiens ont foi en un Dieu unique,

Le Temple de Paris, véritable forteresse, devient le centre des opérations financières pour toute l'Europe Occidentale et le Maître du Temple y réside. © Fonds Allard

composé de trois personnes, le Père, le Fils (Jésus-Christ) et l'Esprit-Saint. Créateur de l'univers et des hommes, ce Dieu s'est incarné en Jésus-Christ, est mort sur la croix et ressuscité pour le salut des hommes. Au nord de la Méditerranée, la nouvelle religion se répand surtout en Europe, grâce à la conversion de l'Empire romain. Au XIe siècle, une querelle sur la nature de l'Esprit-Saint provoque le Schisme (séparation) entre l'Église d'Occident (ancêtre de l'Église catholique romaine), fidèle au pape se trouvant à Rome, et l'Église d'Orient (ancêtre de l'orthodoxie), dirigée par le patriarche de Constantinople. Au XIe siècle, le monde catholique s'étend de l'Irlande, en passant par l'Angleterre, le royaume de France, le nord de l'Espagne (Aragon et Castille), le Saint Empire romain germanique, jusqu'à la Pologne et la Hongrie. L'Empire byzantin, rattaché à l'Église orthodoxe, couvre une partie des Balkans, la totalité de la Grèce et la façade ouest de la Turquie.

L'islam, troisième religion monothéiste après le judaïsme et le christianisme, se fonde sur l'enseignement du prophète Mahomet au VIIe siècle, qu'il a lui même reçu de l'archange Gabriel, transmettant la parole de Dieu, sur le mont Hira, non loin de La Mecque en Arabie.
Durant une vingtaine d'années Mahomet va enseigner à ses disciples, dont l'ensemble des révélations divines forment le Coran. Le fidèle de l'islam adhère aux six croyances : le Dieu unique, omnipotent et omniscient, les anges, l'existence des quatre livres « messages de Dieu » (la Torah, les Psaumes de David des juifs, l'Évangile des chrétiens, et l'ultime et le plus parfait pour les musulmans, le Coran), les prophètes ou messagers de Dieu (dont Mahomet, mais également Moïse et Jésus), le jour du Jugement dernier où Dieu rendra sa Justice et où chacun recevra selon son mérite, la prédestination selon laquelle Dieu fixe à la naissance le jour de la mort. Tout comme dans le christianisme, la controverse théologique y a revêtu une ampleur considérable. Il en est ainsi de la distinction entre les sunnites et les chiites. Les premiers sont majoritaires dans l'islam (90 %) et les seconds minoritaires (10 %).
Les sunnites considèrent la charia (loi islamique) comme leur guide essentiel et croient qu'après la mort de Mahomet les califes (chefs) qui lui ont succédé étaient légitimes. Les chiites estiment que seuls les descendants de la fille de Mahomet, Fatima, et de son mari, Ali, auraient dû lui succéder. Ils pensent qu'après la mort d'Ali, Dieu a envoyé les imams (enseignants religieux), descendants d'Ali, comme ses messagers infaillibles.

Au XIe siècle, l'islam se trouve en plein développement. Les premiers successeurs du Prophète (Abû Bakr, Omar ibn al-Kattabân, Uthmân, Ali) ont largement étendu l'influence islamique de l'Arabie vers la Syrie et la Palestine, puis vers l'Iran, l'Égypte. L'Empire perse, l'Égypte et la Libye deviennent également musulmans, puis c'est le tour des Byzantins d'être vaincus à Carthage. Les victoires militaires des musulmans permettent d'étendre encore davantage les territoires convertis à l'islam, non seulement vers l'est jusqu'aux frontières de la Chine, mais également à l'ouest vers le Maghreb, puis en Espagne où l'invasion arabo-berbère contourne les Pyrénées par l'est, pour déborder assez largement le sud de la Gaule. Seul le chef de guerre Charles Martel parvient à les arrêter à Poitiers en 732. Partis d'Arabie au VIIe siècle, les musulmans ont ainsi constitué, de l'Espagne à l'Inde, un immense empire qui s'étend sur trois continents (Asie, Afrique et Europe). Autant Jésus se veut l'apôtre de la non-violence et refuse de prendre les armes pour défendre sa cause, autant Mahomet accepte d'être à la fois prophète de Dieu et chef de guerre.

« Encore faut-il s'entendre et être très clair quant au sens de ces batailles menées au nom de l'islam, écrit Bernard Baudouin, car dans l'esprit des musulmans il ne peut y avoir de doute : il n'est pas question de convertir par la force tel ou tel peuple, comme pourraient le concevoir les Occidentaux, mais au contraire de gagner à l'islam la souveraineté sur les terres qui doivent lui revenir. Le monde entier, en effet, appartient de droit à Dieu, mais il est de fait partagé en territoire de la guerre, provisoirement aux mains des infidèles ; c'est là que le djihâd (lutte armée contres les infidèles) doit normalement s'exercer, afin que s'y impose à son tour, pour le plus grand bien de tous, la loi de Dieu.

« On peut donc ainsi guerroyer en toute impunité dans le " territoire de la guerre ", mais une fois que celui-ci devient " territoire de l'islam ", que la religion du Prophète y est reconnue comme prépondérante, une certaine tolérance s'exerce tout aussi naturellement, qui permet aux vaincus, contre redevance monétaire, de pratiquer une autre religion s'ils le désirent [1]. »

Depuis plusieurs siècles qu'ils se côtoient ou s'affrontent, chrétiens et musulmans entretiennent des relations complexes, marquées de sentiments contradictoires : fanatisme et respect, haine et fascination, peur et curiosité. Selon les lieux et selon les époques, les rapports entre les deux communautés varient. Si en Espagne la lutte se poursuit avec acharnement, en Palestine les musulmans laissent souvent les pèlerins

1. Bernard Baudouin, *La fantastique épopée des croisades 1096-1291*, Éditions De Vecchi, 2003.

chrétiens se rendre à leurs lieux saints, se contentant de leur faire payer une redevance. Or, vers le milieu du XIe siècle, un peuple nouvellement converti à l'islam et moins tolérant, celui des Turcs Seldjoukides, s'installe au Moyen-Orient et, en 1078, occupe Jérusalem. Aussitôt le bruit se répand en Europe que les pèlerins sont persécutés ou massacrés, bruits amplifiés par l'empereur de Constantinople qui a besoin d'aide, car les nouveaux venus menacent ses territoires. L'Empire byzantin, formant un tampon entre l'Occident chrétien et l'Orient musulman, se trouve donc lui-même directement menacé.

Le christianisme originel est souvent représenté comme condamnant la guerre et la violence. D'après certains auteurs, il préconiserait pour toute réponse l'amour et uniquement l'amour, même en cas d'agression. Ne faut-il pas tendre l'autre joue ? D'après saint Matthieu, lorsque Pierre tire son épée et coupe l'oreille d'un des agresseurs venus arrêter Jésus, le Messie s'exclame : « Rengaine ton glaive car tous ceux qui auront pris le glaive périront par le glaive [2]. » Il n'y aurait donc pas de place pour le combat, même de façon défensive. Or, le reproche fait à Pierre est relaté de façon différente chez les autres évangélistes. Marc ne rapporte pas cette phrase et Luc se contente de faire dire à Jésus : « Cela suffit » et de lui faire guérir l'oreille blessée. Quant à saint Jean, il prête à Jésus cette réflexion : « Rengaine ton glaive. La coupe que m'a donnée le Père, ne la boirais-je pas ? », ce qui est le signe de l'acceptation de son destin de Christ, de sa soumission au nécessaire sacrifice, et non d'un reproche à saint Pierre. D'ailleurs, à une autre occasion, saint Matthieu lui-même signale une autre parole du Christ : « N'allez pas croire que je sois venu apporter la paix sur terre ; je ne suis pas venu apporter la paix mais le glaive [3]. »

De la même manière, on trouve dans l'évangile apocryphe de saint Thomas les paroles suivantes : « Certainement les hommes pensent que je suis venu pour jeter la paix sur l'univers, mais ils ne savent pas que je suis venu pour jeter sur terre des discordes, le feu, l'épée, la guerre [4]. »

Les théologiens chrétiens n'ont donc aucun mal à justifier certains actes guerriers, afin de lutter contre les forces du mal, au nom de la justice de Dieu. Au Ve siècle, saint Augustin élabore une théologie de la guerre juste : « Sont dites justes les guerres qui vengent les injustices, lorsqu'un peuple et un État, à qui la guerre doit être faite, ont négligé de

2. *La Bible de Jérusalem*, Éditions du Cerf, 1993.
3. Idem.
4. *L'Évangile de Thomas*, Éditions Albin Michel, 1990.

punir les méfaits des leurs ou de restituer ce qui a été ravi au moyen de ces injustices [5]. » Il écrit également : « Le soldat qui tue l'ennemi, comme le juge et le bourreau qui exécutent un criminel, je ne crois pas qu'ils pèchent, car en agissant ainsi, ils obéissent à la loi [6]. »
À Alexandrie, vers 410, saint Cyrille, devenu un puissant de ce monde et possédant d'immenses domaines, ne supporte plus la différence : il expulse juifs et hérétiques, et mobilise pour l'émeute et le pogrom les moines coptes les plus frustes. C'est ainsi qu'ils s'acharneront avec des tessons et des coquilles d'huître sur la mathématicienne Hypathie qui n'avait d'autre tort que d'être païenne et femme savante. Aux IVe et Ve siècles, à partir du moment où le pouvoir romain temporel commence à protéger la hiérarchie naissante de l'Église, la recherche de cette protection va entraîner les intrigues pour la faveur du pouvoir et, en cas de conflit, le recours au « bras séculier », à la violence armée contre les autres religions. On force l'adhésion par la force. « Contrains-les d'entrer ! » : cette petite phrase si innocente dans son contexte évangélique – il s'agit de vaincre la timidité d'invités pauvres à un festin – devient pour l'Église instituée la justification des pires cruautés.
« Le fait d'avoir entièrement obtenu de la part de l'État la tolérance envers le christianisme ne fit rien pour ériger la tolérance en principe chrétien, écrit le théologien John B. Cobb. Bien au contraire, les autorités chrétiennes faisaient pression sur l'État pour qu'il sévisse contre les opposants au christianisme. L'empire chrétien fut bien moins tolérant à l'égard des juifs que ne l'avait été l'empire païen, et les principaux prédicants chrétiens, tel Ambroise, poussaient les empereurs à adopter une politique plus répressive. L'Église se servait aussi de l'État pour persécuter ceux qu'elle regardait comme hérétiques [7]. »
Les structures psychologiques de l'univers médiéval sont radicalement différentes du monde moderne. « Le Moyen Âge, écrit Jean Sévilla, adore Dieu et craint le diable. Faire son salut sur terre pour échapper à la damnation représente un enjeu plus décisif que la vie elle-même. Tout être vit dans ce rapport au ciel et à l'enfer. La Vierge et les saints intercèdent pour les hommes. L'Église, qui transmet la parole divine, est la gardienne du dogme. Personne – sauf les hérétiques – n'envisage de contester les articles du *Credo*. Les autres religions sont erronées, nul n'a de doute à ce sujet [...]. Oui le Moyen Âge est dogmatique :

5. *Œuvres complètes de saint Augustin*, Éditions Desclée de Brouwer, 1980.
6. Idem.
7. John B. Cobb, *Bouddhisme-christianisme, au-delà du dialogue ?*, Éditions Labor et Fides, 1988.

le mot dogme (du grec dogma, qui signifie "croyance") n'a rien de péjoratif. La liberté de conscience est une notion qui n'est pas seulement inconnue : elle est inintelligible. Puisque la vérité ne se divise pas, la liberté religieuse est au même degré incompréhensible. Et toute l'Europe occidentale partage cette certitude. Si l'on n'a pas ces éléments en tête, on ne peut pas comprendre la croisade [8]. »

Ce qui fait cependant l'originalité du message de Jésus-Christ, c'est le refus des coutumes barbares des religions archaïques. En tant que fils de Dieu, il échappe aux moules sociaux traditionnels et historiques dans lesquels on tente de l'enfermer. Divers passages des Évangiles illustrent le renouvellement profond des structures mentales et spirituelles qu'il tente d'instituer. Il secoue les puissants de ce monde, chasse les marchands du Temple, prend la défense des plus pauvres et des exclus, dénonce l'égoïsme et l'orgueil de la société de l'époque…

Les pharisiens veulent le convaincre de désobéir à la loi de Moïse, à laquelle il s'est toujours déclaré fidèle. Pour ce faire, ils lui amènent une femme prise en flagrant délit d'adultère !

– Que faut-il faire ? La loi de Moïse nous dit de lapider ces femmes-là !

Jésus se contente de répondre :

– Que celui de vous qui est sans péché lui jette la première pierre !

Et tous s'en vont, l'un après l'autre, en commençant par les plus vieux. Sans renier la tradition, Jésus a frappé tous ces hommes au niveau de la conscience.

Le précepte de l'Évangile le plus mal compris est certainement celui de la non-réponse à l'agression : « Si l'on vous frappe sur la joue droite, vous tendrez aussi la gauche ; si l'on veut vous prendre votre tunique, donnez aussi votre manteau… Aimez vos ennemis, faites du bien à ceux qui vous haïssent et priez pour ceux qui vous persécutent [9]. » On a souvent tendance à juger ces conseils comme des actes de lâcheté, donnant beau jeu au méchant. Il s'agit en fait de refuser de se laisser prendre à l'engrenage de la violence. Une réaction inattendue a des chances de briser la chaîne de la brutalité aveugle. L'agresseur se trouve pris de court, car il attend une riposte ou la capitulation. S'il ne se produit ni l'un ni l'autre, le sol familier se dérobe sous ses pieds, il doit faire face à une situation pour le moins inattendue. Les effets de la non-violence peuvent se révéler extraordinaires. La sérénité et l'amour triomphent.

C'est à une réforme totale des relations humaines ordinaires que nous

8. Jean Sévilla, *Historiquement correct, pour en finir avec le passé unique*, Éditions Perrin, 2003.
9. *La Bible de Jérusalem, op. cit.*

invite l'Évangile. Mettre en pratique les enseignements du Christ implique des comportements contraires à tous les premiers mouvements de la colère, de l'égoïsme, de la possessivité, du mépris d'autrui, de l'autosatisfaction. Ne pas juger injustement son prochain, pardonner, ne mépriser personne, pas même les prostituées, les ivrognes et les percepteurs. Nourrir les affamés, mais sans se croire meilleur pour cela. Reconnaître en toute occasion que tout homme, même le pire, est un autre soi-même. Donner sa vie pour ses amis… Et enfin le plus difficile, le commandement le moins suivi, pour le malheur du monde : le partage des richesses. Là, les disciples s'insurgent.

– Ce qui est impossible aux hommes est possible à Dieu, dit Jésus.

Autrement dit, cela ne peut se faire que par une inspiration venant des profondeurs de l'âme où Dieu réside, si l'on en croit la sagesse universelle, et que Jésus actualise. Ainsi, l'épée (ou le glaive) qu'apporte Jésus-Christ est avant tout celle de la sagesse, l'épée qui coupe à la racine les émotions négatives comme l'orgueil, la haine, l'avidité, l'égoïsme… Et non l'épée qui tue son prochain, même si comme nous l'avons déjà signalé, la légitime défense n'est pas étrangère au christianisme. Jésus dit beaucoup d'autres choses : « Que le plus grand d'entre vous soit comme celui qui sert. » Et il lave les pieds des apôtres, ce qui représente la besogne la plus humble à laquelle un juif puisse être soumis. Le christianisme naissant va être pendant quatre siècles une enclave de fraternité active dans un monde cruel. Certains Pères de l'Église mettent en avant l'expérience vivante en Christ de la vie éternelle, qui dépasse de loin toutes les formulations conceptuelles : « Nous vous annonçons la vie éternelle qui était auprès du Père et qui nous a été manifestée. Ce que nous avons vu et entendu, nous vous l'annonçons, à vous aussi, afin que vous aussi vous soyez en communion avec nous » (I, Jean, 1, 2, 3). Il s'agit de ne pas se limiter à une croyance correcte et extérieure s'exprimant dans une bonne conduite morale, mais également d'entrer pleinement dans une vie d'espérance et d'amour consommé par l'union avec le Dieu invisible « en Christ et en Esprit », pour prendre ainsi pleinement part à la Nature divine. Chez les Pères, le sentiment est très fort, profondément vécu et expérimenté, de ce lien entre le cœur de l'homme et la transcendance divine : « Dieu a donné à la terre le souffle qui la nourrit, écrit Théophile d'Antioche. C'est son haleine qui donne vie à toute chose. Ce souffle vibre dans le tien, dans ta voix. C'est le souffle de Dieu que tu respires et tu ne le sais pas [10] ! »

10. Cité par Jean-Yves Leloup, *Introduction aux « vrais philosophes », Les Pères grecs : un continent oublié de la pensée occidentale*, Éditions Albin Michel, 1998.

Saint Paul déclare de son côté : « Ne savez-vous pas que vous êtes le temple de Dieu et que l'Esprit habite en vous ? Ne reconnaissez-vous pas que Jésus-Christ habite en vous ? La Loi n'est pas écrite sur des tables de pierre mais sur des tables de chair que sont nos cœurs [11]. »
Pour découvrir en eux cette présence divine, les Pères pratiquent la méditation silencieuse, la prière du cœur, l'oraison… Saint Jean Chrysostome écrit qu'« il faut apaiser ses propres pensées… rendre son esprit vide et libre. Il est fondamental de laisser le cœur-esprit se décanter comme une eau calme. Alors il devient comme un lac paisible où se reflète le ciel, où s'inscrit le visage du Christ, et par là même le visage véritable du prochain. De même qu'un homme ne peut voir son visage dans l'eau trouble, de même l'âme, si elle n'est vidée des pensées étrangères, ne peut refléter Dieu dans la contemplation [12]. »
Cette œuvre de purification exige la détente intérieure par l'unité du corps et de l'esprit, le silence des passions, en particulier la convoitise et l'agressivité : « J'en ai vu qui semblaient garder leur calme, écrit Jean Climaque, mais qui, sous l'apparence du silence, nourrissaient en eux le ressentiment. Je les tiens pour plus misérables que ceux qui éclatent. Leur caractère sombre fait fuir la Colombe du Saint-Esprit [13]. »
En nommant Dieu « Père », le Christ rapproche Dieu des hommes, mais non pas dans un rapport infantile. Cette appellation désigne Dieu comme la source de la vie et de l'amour, il fait de tous les hommes des frères.
Comme nous l'avons déjà signalé, on mesure le tournant tragique que va prendre l'autorité spirituelle, dès qu'elle abandonnera ces dispositions, au ve siècle, pour exercer le contrôle des âmes et la répression. Comment une partie de l'Église catholique a-t-elle pu à ce point s'éloigner de l'amour universel des Évangiles ? Le père Thomas Mertone, moine catholique, estime que le christianisme a parfois été affecté par une explication trop doctrinale des Évangiles : « À certaines époques, ce souci a été exagéré presque jusqu'à l'obsession, s'accompagnant d'une insistance arbitraire et fanatique sur des coupages de cheveux en quatre et sur les plus minutieuses subtilités des détails théologiques. Cette obsession de formules doctrinales, d'ordre juridique et d'exactitudes rituelles a souvent fait oublier que le cœur du catholicisme est une expérience vivante en Christ qui dépasse toutes les formulations conceptuelles [14]. »

11. Idem.
12. Cité par Wladimir Lossky, *Théologie mystique de l'Église d'Orient*, Éditions Aubier, 1944.
13. Cité par Olivier Clément, *Les mystiques chrétiens des origines*, Éditions Stock, 1982.
14. Thomas Merton, *Zen, Tao et Nirvana*, Éditions Fayard, 1970.

Les bonnes dispositions évangéliques de certains chrétiens vont rapidement se heurter à la dure réalité de l'époque. Les Arabes occupent Jérusalem dès 638. Si les chrétiens de Palestine sont tolérés, ils se trouvent réduits à une condition inférieure, moyennant le port de signes distinctifs et le paiement d'un impôt spécial, ils peuvent pratiquer leur culte. Cependant, il leur est interdit de construire de nouvelles églises, ce qui, à terme, les condamne. « Les pèlerinages européens peuvent continuer, écrit Jean Sévilla, à condition d'acquitter un tribut, notamment pour accéder au Saint-Sépulcre. En 800, les califes abbassides, dont la capitale est Bagdad, concèdent même à Charlemagne la tutelle morale sur les Lieux saints. Aux IXe et Xe siècles, les pèlerins se font plus nombreux. Au début du XIe siècle, la situation se tend. Les chrétiens qui servent dans l'administration du califat sont forcés de se convertir à l'islam. En 1009, le calife El-Hakim ouvre la persécution et fait détruire le Saint-Sépulcre. En 1065, un groupe de pèlerins allemands est attaqué par les Bédouins. Bientôt de nouveaux envahisseurs se répandent sur la Palestine : les Turcs. En 1078, les Seldjoukides s'emparent de Jérusalem. À partir de cette date, les pèlerinages deviennent extrêmement périlleux, puis ils s'interrompent [15]. »

En 1095, depuis Clermont en Auvergne, le pape Urbain II, devant une foule immense, lance un appel pathétique à tous les chrétiens, les adjurant d'aller délivrer la Terre sainte. Il promet d'ailleurs à tous ceux qui périront en cours de route le pardon de leurs péchés. Cette annonce du pape se répercute dans l'Europe entière, déclenchant l'extraordinaire aventure des croisades.

Urbain II cherche non seulement à délivrer la Palestine, Terre sainte des chrétiens par excellence, de la présence musulmane mais à renouer des relations avec l'Église chrétienne d'Orient. Plus qu'un pape avisé, c'est également un fin diplomate et un homme d'État. Sensible aux difficultés rencontrées par les chrétiens de Constantinople, il envisage surtout de ramener l'Église d'Orient dans le giron de l'Église romaine, afin de rebâtir une chrétienté unitaire et puissante, et faire de Rome la capitale du monde. Durant des mois, Urbain II voyage en France et en Italie, sonde la noblesse, fonde des alliances, propage dans toute l'Europe l'idée d'une intervention des chrétiens contre les « païens de l'islam ».

« Lors de son périple, écrit Bernard Baudouin, Urbain II défend les positions de l'Église mais, à l'évidence, son discours est outrageuse-

15. Jean Sévilla, *op. cit.*

Le pape Urbain II, en 1095, à la sortie du concile de Clermont, exhorte ses fidèles à s'engager dans la première croisade : « Dieu le veut ! ». © Fonds DVE

ment partial. Pour légitimer ses choix politiques et diplomatiques, il reproduit et amplifie savamment des récits qui, certes, reposent en partie sur des faits réels, mais sont aussi autant de preuves d'une ignorance et d'une méconnaissance flagrante à la fois de la culture byzantine et du monde musulman.
« La culture philosophique byzantine est à l'évidence nettement supérieure à celle des philosophes occidentaux, dont seulement quelques-uns connaissent un peu de grec et les œuvres des grands penseurs de l'Antiquité. De plus, il est de bon ton en Occident de mépriser avec condescendance les peuples qui, forts d'un savoir intellectuel, considèrent les métiers des armes comme répugnants... alors que, justement, une grande partie de la féodalité occidentale du Moyen Âge repose sur les principes de la chevalerie.
« À ces incompréhensions notoires vient s'ajouter dans les mentalités occidentales une image totalement déformée de ce qu'est le monde musulman à cette époque. En effet, les récits de voyageurs décrivent des Sarrasins païens, assoiffés de sang, hérétiques, annonciateurs de l'Antéchrist et de la fin des temps [16]. »
En réalité, la culture musulmane est tout autre. Grâce au mécénat des califes, des émirs et autres gouverneurs, dans les cadres majestueux de Damas, Bagdad, Le Caire, Alep, Kairouan, Fès, Cordoue, au contact des Byzantins, des Perses, des Turcs, des Syriaques, le monde musulman s'épanouit dans un monde cultivé et raffiné. Que ce soit en histoire, géographie, médecine, philosophie, mathématiques, la civilisation musulmane produit de grands esprits, des chercheurs insignes et des découvreurs éminents. Les lettrés musulmans traduisent fidèlement la philosophie grecque. Les voyageurs musulmans ramènent de Chine le papier pour écrire. Les mathématiciens musulmans inventent le chiffre zéro, l'algèbre, établissent les fondements de la trigonométrie, font avancer la connaissance de l'astronomie, donnent naissance au premier atlas. Les médecins musulmans mettent en avant les bienfaits de l'hygiène, font bâtir des hôpitaux, développent la pratique de la gynécologie, font avancer la pratique chirurgicale. Les écoles juridiques musulmanes inventent le raisonnement par analogie. Les cercles littéraires musulmans étudient les pensées juives et chrétiennes, développent les écrits, la poésie...
La religion musulmane elle-même est loin d'être une voie spirituelle prêchant uniquement la haine et la violence. Mahomet a défendu la tolérance et la clémence envers les ennemis vaincus. Personnage

16. Bernard Baudouin, *op. cit.*

complexe, plein de grandeur et de faiblesse humaine, il demeure fidèle à sa première épouse, et, devenu veuf, vit avec neuf épouses et plusieurs concubines. Il affirme que les opérations militaires sont la « petite guerre sainte » et que la « grande guerre sainte » repose sur l'effort intérieur, l'ascèse, le combat contre les tentations. Il appelle ses compagnons à se détourner de l'idolâtrie, à rendre grâce à Dieu, à être généreux avec leur prochain.

« La conscience musulmane, écrit Émile Dermenghem, place les valeurs spirituelles profondes plus haut que la guerre sainte [17]. » Ces valeurs sont l'hospitalité, l'amour des pauvres et des orphelins (Mahomet était lui-même orphelin), la justice envers tous, la bonté envers les femmes, qui ne doivent pas être mariées contre leur gré, la magnanimité envers les adversaires vaincus.

Entre le VIIIe et le XIIIe siècle, l'islam donne l'image d'une brillante civilisation, avec l'art, la poésie, la médecine, les mathématiques, la philosophie… Puis, à mesure que l'Empire musulman se fissure, la religion se raidit dans l'étroitesse étouffante de l'intégrisme. Le formalisme juridique, l'application intégrale de la charia (loi islamique), la défiance et le mépris des femmes, la violence contre les autres religions… deviennent une habitude dans certains pays musulmans.

Le soufisme, voie mystique et initiatique de l'islam, se démarque de toute forme d'intégrisme. On découvre au sein du soufisme la scrupuleuse honnêteté de ses membres, leur charité fraternelle, leur renoncement aux plaisirs mondains, leur vie de contemplation et de prières. Théologie mystique vécue, le soufisme rassemble tous les humains dans l'unité profonde de l'amour de Dieu. Faouzi Skali écrit que « le soufisme se présente avant tout comme une expérience spirituelle vécue, intérieure, dont le domaine se trouve au-delà de ce qui peut être appréhendé par la raison ou les sens physiques. Ce n'est que dans une étape ultérieure faisant suite à une réalisation spirituelle que certains soufis, se servant d'un langage symbolique et métaphorique, transcrivent leur expérience sous une forme vraie [18]. »

Cette ascension mystique repose sur des dons particuliers et éphémères de Dieu, équivalent à ce que la théologie chrétienne appelle des grâces, ainsi que sur les acquis progressifs et durables dus aux efforts personnels du pratiquant. Complémentaires, ils forment une échelle de perfection. Certains mystiques, favorisés par les grâces, brûlent les étapes et parvien-

17. Émile Dermenghen, *Mahomet*, Éditions La Baconière, s.d.
18. Faouzi Skali, *La voie soufie*, Éditions Albin Michel, 1993.

nent rapidement à l'illumination. Lorsque les mystiques s'expriment sur leur union à Dieu, ils parlent d'un instant hors du temps, caractérisé par sa soudaineté. Il est d'une telle intensité qu'il absorbe l'être dans un acte unique. L'union mystique est la synthèse de la connaissance et de l'amour, réalisant la plénitude de l'être, la réintégration la plus parfaite du multiple dans l'Un. Dans l'acte d'éveil, les grands maîtres spirituels ont réalisé le lien universel qui les unit à tous les êtres, à toutes formes de vie, sans attachement à un soi séparé des autres. La distinction disparaît dans l'illumination de l'amour, unité où seule reste la joie ineffable dans la pureté émerveillée de la félicité infinie de l'Esprit. Le soufisme, ainsi que les voies mystiques chrétiennes, juives, bouddhistes, hindoues... lèvent le voile du concept qui sépare, qui oppose et discrimine, pour accéder à des états non duels de la conscience de l'esprit et de la Réalité ultime.

Comme on peut le constater, les persécutions des pèlerins commises par les musulmans et les injonctions du pape Urbain II sont à jamais éloignées de la paix de l'esprit des mystiques des grandes religions.

Le prêche enflammé du pape Urbain II, le 27 novembre 1095, au concile de Clermont, soulève l'Europe entière dans l'idée d'une guerre sainte contre les infidèles, à savoir l'islam :

« Comme la plupart d'entre vous le savent déjà, un peuple venu de Perse, les Turcs, s'est avancé jusqu'à la mer Méditerranée, au détriment des terres des chrétiens [...]. Beaucoup sont tombés sous leurs coups ; beaucoup ont été réduits en esclavage. Ces Turcs détruisent les églises ; ils saccagent le royaume de Dieu [...]. Aussi je vous exhorte et je vous supplie – et ce n'est pas moi qui vous y exhorte, c'est le Seigneur lui-même –, vous les hérauts du Christ, à persuader à tous, à quelque classe de la société qu'ils appartiennent, chevaliers ou piétons, riches ou pauvres, par vos fréquentes prédications, de se rendre à temps au secours des chrétiens et de repousser ce peuple néfaste loin de nos territoires. Je le dis à ceux qui sont ici, je le demande à ceux qui sont absents : le Christ l'ordonne.

« À tous ceux qui y parviennent et qui mourront en route, que ce soit sur terre ou sur mer, ou qui perdront la vie en combattant les païens, la rémission de leurs péchés sera accordée. Et je l'accorde à ceux qui participent à ce voyage, en vertu de l'autorité que je tiens de Dieu.

« Quelle honte, si un peuple aussi méprisé, aussi dégradé, esclave des démons, l'emportait sur la nation qui s'adonne au culte de Dieu et qui s'honore du nom de chrétienne ! Qu'ils aillent donc au combat contre les infidèles, ceux-là qui jusqu'ici s'adonnaient à des guerres privées et abusives, au grand dam des fidèles ! Qu'ils soient désormais

Le 27 novembre 1095 : exhortation décisive du pape Urbain II à combattre les infidèles (Turcs et Sarrasins musulmans) qui menacent les chrétiens d'Orient.

des chevaliers du Christ, ceux-là qui n'étaient que des brigands ! Qu'ils luttent maintenant, à bon droit, contre les barbares, ceux-là qui se battaient contre leurs frères et leurs parents ! Ce sont les récompenses éternelles qu'ils vont gagner, ceux qui se faisaient mercenaires pour quelques misérables sous.

« Que ceux qui voudront partir ne tardent pas. Qu'ils louent leurs biens, se procurent ce qui sera nécessaire à leurs dépenses, et qu'ils se mettent en route, sous la conduite de Dieu, aussitôt que l'hiver et le printemps seront passés [19]. »

Les prédications du pape Urbain II, de 1095 à 1096, se font principalement en France, à travers plusieurs villes, dont principalement Gap, Le Puy, Valence, Lyon, Cluny, Autun, Clermont, Limoges, Angers, Le Mans, Vendôme, Tours, Poitiers, Saintes, Bordeaux, Toulouse, Carcassonne…

Le pape s'est adressé aux nobles et aux chevaliers, gens de guerre capables d'entreprendre une expédition aussi difficile. Mais à la ville

19. Cité par Jean Richard, *L'esprit de la croisade*, Éditions du Cerf, 1969.

et à la campagne, les prédicateurs ont répercuté l'appel aux populations plus modestes. Toutes les classes sociales de l'époque répondent finalement à l'appel du pape en faveur des croisades : paysans, bourgeois, chevaliers, seigneurs et religieux. La croisade déchaîne les émotions les plus violentes. Certains croisés n'hésitent pas à s'en prendre aux juifs, tenus pour responsables de la crucifixion. « Des émeutes antisémites se déroulent à Rouen, en Bavière et en Bohême, les plus meurtrières restant celles qui éclatent en Rhénanie, où la communauté juive de Mayence, une des plus importantes d'Europe, est sauvagement décimée [20] », écrit Jonathan Riley-Smith.

La première croisade

Saint Bernard de Clairvaux, ardent défenseur de l'ordre du Temple, glorifie la vie guerrière et l'idéal des templiers dans une lettre célèbre, De laude nova militae *(Éloge de la nouvelle milice). © Fonds Allard*

Au début de l'année 1096, des villages entiers prennent la route de l'Orient. Une première croisade, composée de quinze mille petites gens venus de Normandie, de Picardie, de Lorraine, d'Auvergne, du Languedoc ou de Provence, est conduite par des chefs improvisés et autres religieux exaltés, comme Pierre l'Ermite ou le chevalier bourguignon Gautier sans Avoir. Ceux du Nord suivent le Danube, les autres passent par les Alpes et la plaine du Pô. Tous se retrouvent en Macédoine. Le 1er août 1096, ils campent devant Constantinople. Maintenue hors la ville, l'importante colonne franchit le Bosphore. Après avoir commis moult exactions sur son passage, cette troupe mal armée et mal organisée se fait massacrer par les Turcs en Asie Mineure, le 10 août. Les trois mille survivants ne reprendront leur marche qu'à la suite de

20. Jonathan Riley-Smith, *Atlas des croisades*, Éditions Autrement, 1996.

Franchissant le détroit du Bosphore, les croisés entrent en terre d'islam et attaquent les « infidèles », en faisant le siège de la ville de Nicée. © Fonds Allard

l'autre croisade, celle des seigneurs, officiellement prévue au Puy-en-Velay, le 15 août. À cette date, en effet, se mettent en marche quatre puissantes armées conduites par de grands seigneurs, dont l'ensemble totalise trente mille soldats. La première armée se compose de Lorrains et d'Allemands, commandée par un chef de guerre réputé en la personne de Godefroy de Bouillon, accompagné de son frère Baudouin et de son cousin. La deuxième armée compte essentiellement des Français du Nord, avec à leur tête Hugues de Vermandois, frère du roi de France Philippe Ier. « On y remarque, écrit Patrick Huchet, la présence des ducs de Normandie (Robert Courteheuse) et de Bretagne (Alain IV Fergent), ainsi que du comte Étienne de Blois [21]. » La troisième armée part du Midi, sous les ordres de Raymond IV, comte de Toulouse. Tandis que la quatrième rassemble les Normands de Sicile, sous la direction de Bohémond de Tarente.

En décembre 1096, les troupes de Godefroy de Bouillon, après avoir traversé la Hongrie, atteignent Constantinople, capitale de l'Empire byzantin, où règne l'empereur Alexis. Elles y sont rejointes par les autres armées aux mois d'avril-mai 1097. Les luttes dynastiques et de pouvoir ont affaibli l'Empire musulman qui se trouve à ce moment divisé en plusieurs fractions rivales. À cela viennent s'ajouter les dissensions religieuses entre les sunnites et les chiites, les ismaéliens, et certaines populations chrétiennes. La croisade permet d'unir, sous la bannière du pape et de la chrétienté, un Occident tout aussi divisé : le Saint Empire romain germanique s'oppose au pape au sujet de la nomination des évêques et des abbés. En France, le pape Urbain II est en conflit avec le roi Philippe Ier, qui a répudié sa femme pour prendre une autre épouse. La croisade permet également de libérer l'Occident de certains guerriers assoiffés de sang et d'or, peu respectueux des Évangiles.

21. Patrick Huchet, *Les templiers, de la gloire à la tragédie*, Éditions Ouest-France, 2002.

Franchissant le détroit du Bosphore, les croisés entrent en terre d'islam et attaquent les « infidèles », en faisant le siège de la ville de Nicée. Le 19 juin 1097, les Turcs assiégés se rendent aux émissaires de l'empereur Alexis, privant les vainqueurs du fructueux pillage escompté. En mars 1098, Baudouin de Boulogne, répondant à l'appel des Arméniens, s'empare d'Édesse.

Malgré des pertes importantes et la tactique de la terre brûlée pratiquée par les Turcs, les armées chrétiennes poursuivent leur marche victorieuse, assiégeant la place forte d'Antioche, durant sept mois, avant qu'elle ne tombe le 29 juin 1098. Le 7 juin, les croisés mettent le siège devant Jérusalem. « L'année précédente, souligne Jean Sévilla, les Égyptiens ont arraché la ville aux Turcs. Ce sont donc eux qui vont subir le choc [22]. »

À l'issue d'un siège de cinq semaines et de sanglants combats, la Ville sainte est prise par les croisés le 15 juillet 1099. Les heures qui suivent la conquête de la cité dépassent l'entendement en matière de cruauté. Les défenseurs sont impitoyablement massacrés. Les massacres se poursuivent le lendemain, jusqu'aux juifs qui ne sont pas épargnés, accusés d'avoir aidé les musulmans à défendre la ville. Le seigneur catholique Guillaume de Tyr raconte « qu'on ne pouvait voir sans horreur cette multitude de morts, ces membres épars jonchant la terre de tous côtés, et ces flots de sang inondant le sol. Et ce n'était pas seulement ce spectacle de corps privés de vie et dispersés çà et là en mille pièces qui inspirait un sentiment d'effroi ; la vue même des vainqueurs couverts de sang de la tête aux pieds était également un objet d'épouvante, et le signal de nouveaux dangers [23]. »

Les femmes et les enfants n'ont pas été épargnés. Les exactions, commises à Jérusalem, ne se limitent pas seulement aux musulmans et aux juifs. Les croisés s'en prennent aussi aux chrétiens orientaux. L'une des premières mesures prises par les croisés occidentaux est d'expulser de l'église du Saint-Sépulcre tous les prêtres chrétiens des rites orientaux, Grecs, Géorgiens, Arméniens, Coptes, Syriens. Abasourdis par la sauvagerie des croisés occidentaux, les dignitaires des communautés chrétiennes orientales refusent de révéler aux catholiques le lieu où ils ont caché la vraie croix sur laquelle le Christ est mort. « C'est peine perdue, écrit Bernard Baudouin. Arrêtant les prêtres ayant la garde de la croix, les croisés les soumettent à la torture et leur arrachent leur secret, avant

22. Jean Sévilla, *op. cit.*
23. Cité par Jean Bordonove, *Les croisades et le royaume de Jérusalem*, Éditions Pygmalion, 1992.

À l'issue d'un siège de cinq semaines et de sanglants combats, la Ville sainte est prise par les croisés le 15 juillet 1099.

Le siège de la place forte d'Antioche par les Croisés dura 7 mois. © Fonds Allard

de s'emparer de la relique la plus sainte de toute la chrétienté [24]. »

Les croisés se sont comportés comme la majorité des soldats de l'époque, et notamment leurs ennemis. On tue et on pille des deux côtés. En août 1096, douze mille « pauvres gens » de la croisade populaire ont été massacrés par les Turcs. Le 4 juin 1098, devant Antioche, les Turcs et les Arabes passent au fil de l'épée la totalité de la garnison chrétienne de la forteresse du Pont-de-Fer. Peu après, ils en font autant avec des musulmans ayant osé pactisé avec les croisés. Le 26 août 1098, lorsque les Égyptiens se sont emparés de Jérusalem, ils ont liquidé les Turcs qui défendaient la ville.

« Il faut imaginer ce que pouvait représenter, au XIe siècle, écrit Jean Sévilla, un voyage à pied ou à cheval, depuis l'Auvergne ou la Lorraine jusqu'à la Palestine ! Des milliers de kilomètres à parcourir sur un itinéraire incertain, à travers des contrées hostiles, en affrontant la faim et la soif, pour se diriger vers un pays dont les croisés ne savaient rien. Pour les gens du peuple, c'était l'aventure absolue. Pour les seigneurs, le risque était le même, mais il était coûteux : ils avaient à entretenir de leurs propres deniers leurs compagnies et les pauvres qui les escortaient. Contrairement à l'idée reçue, beaucoup se sont ruinés dans la croisade, ayant dû emprunter ou vendre des biens fonciers pour s'équiper. En Occident, de larges étendues étaient encore en friche. Or ces terres étaient plus accessibles que le lointain Orient [25]. » L'appât du gain et les spéculations marchandes n'ont certainement pas été les motivations premières des croisés. Il y a avant tout la dévotion religieuse. « La croisade, affirme Jean Richard, fut l'occasion pour d'innombrables chrétiens de vivre leur foi non dans la facilité, mais à l'épreuve des souffrances et de la mort [26]. »

24. Bernard Baudouin, *op. cit*
25. Jean Sévilla, *op. cit.*
26. Jean Richard, *op. cit.*

Les quatre chefs menant leurs troupes lors de la première croisade : Godefroy de Bouillon, Hugues de Vermandois, frère du roi Philippe Ier, Raymond V, comte de Toulouse, et Bohémond de Tarente. © Fonds DVE

Les premiers croisés étaient des pénitents guidés avant tout par une foi religieuse ardente, dont l'exaltation pouvait amener au meilleur comme au pire. Par la suite, quatre États chrétiens d'Orient sont créés en Terre sainte : le royaume de Jérusalem, les comtés de Tripoli et d'Édesse, la principauté d'Antioche. Ces États, cernés par le monde musulman, rencontrent d'épineux problèmes de défense, et c'est pour essayer de les résoudre que divers ordres militaires religieux voient le jour. L'accueil et la protection des pèlerins en Terre sainte vont être à l'origine de la création des ordres religieux de chevalerie, comme celui des templiers.

Naissance et organisation de l'ordre

Naissance de l'ordre

Depuis la création des États chrétiens d'Orient (royaume de Jérusalem, comtés de Tripoli et d'Édesse, principauté d'Antioche), les pèlerins sont de plus en plus nombreux à se rendre en Terre sainte. On les voit sous les voûtes du Saint-Sépulcre, sur les pentes du Golgotha ou au jardin des Oliviers. Tous ont la conviction qu'en mettant leurs pas dans ceux de Jésus ils parcourent déjà un bout de chemin vers le paradis. Mais pour défendre la Cité sainte et ses environs, il ne reste que quelques centaines de chevaliers et quelques milliers de combattants à pied. La plupart des croisés, après la victoire, sont repartis en Occident retrouver leurs familles et leurs terres quittées trois ans auparavant. Ceux qui ont décidé de rester, pour défendre les villes et les châteaux fortifiés, ne peuvent assurer la sécurité à travers tout le pays. Lors de la traversée des montagnes et des routes côtières, des bandes de pillards ne cessent d'attaquer les pèlerins, n'hésitant pas à tuer les hommes et à emmener les femmes et les enfants pour les vendre comme esclaves. De Jaffa, sur la côte, en passant par la plaine de Ramlech, les pèlerins marchent dans la crainte constante d'être attaqués. Ils subissent des embuscades meurtrières, comme celle survenue en 1119.

Vers 1118-1119, pour s'opposer aux massacres d'innocents sans défense, le chevalier Hugues de Payns, avec huit compagnons (Godefroy de Saint-Omer, André de Montbard, Gondemare, Godefroy, Roland,

En l'An 1118, neuf chevaliers français fondent à Jérusalem un Ordre mi-militaire, mi-religieux à l'emplacement du Temple de Salomon d'où la fondation tirera son nom.
© Fonds Allard

Payen de Montdidier, Geoffroy Bissot et Archambaud de Saint-Agnan) décident de fonder une sorte de milice armée, chargée de surveiller la route des pèlerins et de les escorter dans les passages les plus exposés. Cette milice de moines-soldats s'engage à lutter par l'épée contre les musulmans, et par la foi contre « l'esprit du mal », à savoir le malin, le diable. « On ignore, écrit Pierre Ripert, si Hugues de Payns a participé à la première croisade avec son suzerain Godefroy de Bouillon. Mais il s'est rendu en Terre sainte, avec le comte Hugues de Champagne, en 1104, et s'y est installé [1]. » Celui qui sera le premier grand maître du

1. Pierre Ripert, *L'épopée templière*, Éditions Pierre De Soleil, 2001.

Saint Bernard de Clairvaux, ardent défenseur de l'ordre du Temple, glorifie la vie guerrière et l'idéal des templiers dans une lettre célèbre, De laude nova militae *(Éloge de la nouvelle milice). © Fonds Allard*

Temple est originaire de Payns, à quelques kilomètres de Troyes. Sa famille est alliée à celle des Montbard, dont est issue la mère d'un moine qui va jouer un rôle important dans la fondation de l'ordre, saint Bernard de Clairvaux, personnage très influent à la cour pontificale. Le projet de ces neufs chevaliers reçoit la bénédiction du patriarche de Jérusalem, tandis que le roi Baudouin II du Bourg, placé sur le trône du royaume de Jérusalem, les accueille dans son palais, à l'est de la Ville sainte, puis leur offre l'emplacement de l'ancien Temple de Salomon, où s'élève la mosquée Al-Aqsâ. Dans le souterrain du bâtiment, se trouve une immense salle voûtée où peuvent être logés trois cents chevaux. Les compagnons d'Hugues de Payns deviennent les pauvres chevaliers du Christ et du Temple de Salomon. Très vite on les appelle les chevaliers du Temple, puis les templiers. Ils adoptent la règle monastique augustine et prononcent leurs vœux devant le patriarche Théogéliste. La règle augustine s'inspire directement de saint Augustin (354-430), qui a également inspiré saint Benoît de Nurcie (480-547) dans l'élaboration de sa propre règle monastique. Cette règle insiste sur le devoir de charité et de fraternité, sur la pratique de l'oraison et la fidélité à l'office divin, sur le soin aux malades, le jeûne et les repas. Plusieurs fois remaniée au Moyen Âge, cette règle a inspiré saint François d'Assise et saint Dominique lors de la création de leurs ordres respectifs, les franciscains et les dominicains.

Les services rendus par ces preux chevaliers sont appréciés par le monde chrétien. Hugues de Payns, qui a été élu maître de l'ordre des Templiers, doit résoudre une contradiction apparente, celle de moines chrétiens portant des armes. La société féodale repose suivant une organisation tripartite, établie par l'évêque de Laon, Adalbéron, vers 1030 : « Chacun occupe dans le monde une place voulue par Dieu ; chacun est ordonné en vue des trois fonctions que l'homme peut remplir dans la société : prier, combattre, travailler [2] », à savoir le clerc, le chevalier, le paysan. Hugues de Payns rêve d'une armée pour défendre les routes de Jérusalem et du Jourdain. Il lui faut d'autre part obtenir la reconnaissance pontificale de son ordre. Il quitte la Terre sainte à l'automne 1127, accompagné de cinq chevaliers de son ordre : Godefroy de Saint-Omer, Payen de Montdidier, Geoffroy Bissot, Archambaud de Saint-Agnan et Roland. Outre la rencontre prévue du pape, Hugues et ses compagnons comptent recruter en Occident et y lever des subsides.

Parcourant comtés et duchés du royaume de France, Hugues rencontre tout d'abord le puissant comte d'Anjou, Foulques V, qu'il parvient à convaincre de le suivre en Terre sainte, puis il se rend en Poitou, Normandie, avant de gagner l'Angleterre, où le roi de ce royaume lui consent d'importantes donations d'or et d'argent. Il rejoint ensuite les riches contrées de Flandre et de Champagne. La tournée des autres frères est aussi porteuse, à l'image de celle de Godefroy de Saint-Omer en Picardie, où nombreux sont les chevaliers qui acceptent de partir guerroyer en Terre sainte au sein de l'ordre du Temple. « Bernard de Clairvaux, la plus haute autorité spirituelle de l'Occident de l'époque, va assurer le succès définitif de cette nouvelle milice chrétienne lors du concile de Troyes [3] », écrit Patrick Huchet.

Le concile de Troyes marque, en janvier 1129, la reconnaissance officielle du Vatican de l'ordre du Temple, même si le pape Honorius II n'y assiste pas, mais se fait représenter par son légat, le cardinal Mathieu d'Albano. Le prologue de la Règle du Temple y est rédigé, sous l'inspiration de Bernard de Clairvaux. Outre la présence du légat du pape et du futur saint Bernard, on note celle de personnages insignes de la chrétienté, comme les archevêques de Reims et de Sens, dix évêques et huit abbés, dont celui de Cîteaux en personne, Étienne Harding, ceux de Vézelay, Molesmes, Pontigny… Du côté des laïcs, on remarque la présence de grands seigneurs, comme le comte Thibaud II de Champagne, André de Baudement, sénéchal de Champagne (lié à l'ordre

2. Cité par Patrick Huchet, *op. cit.*
3. Idem.

Saladin Ier, sultan d'Égypte et de Syrie entre 1171 et 1193, il remporta la bataille de Hattin en 1187 ce qui provoqua la troisième croisade.

Richard Ier, visage masqué par son heaume, joutant avec Saladin, représenté avec un visage grimaçant et bleu. Miniature tirée du manuscrit en latin Luttrell Psalter, *1345.*

Jacques de Molay, grand maître de l'Ordre des Templiers entre 1298 et 1314.
Gravure du XIXe siècle.

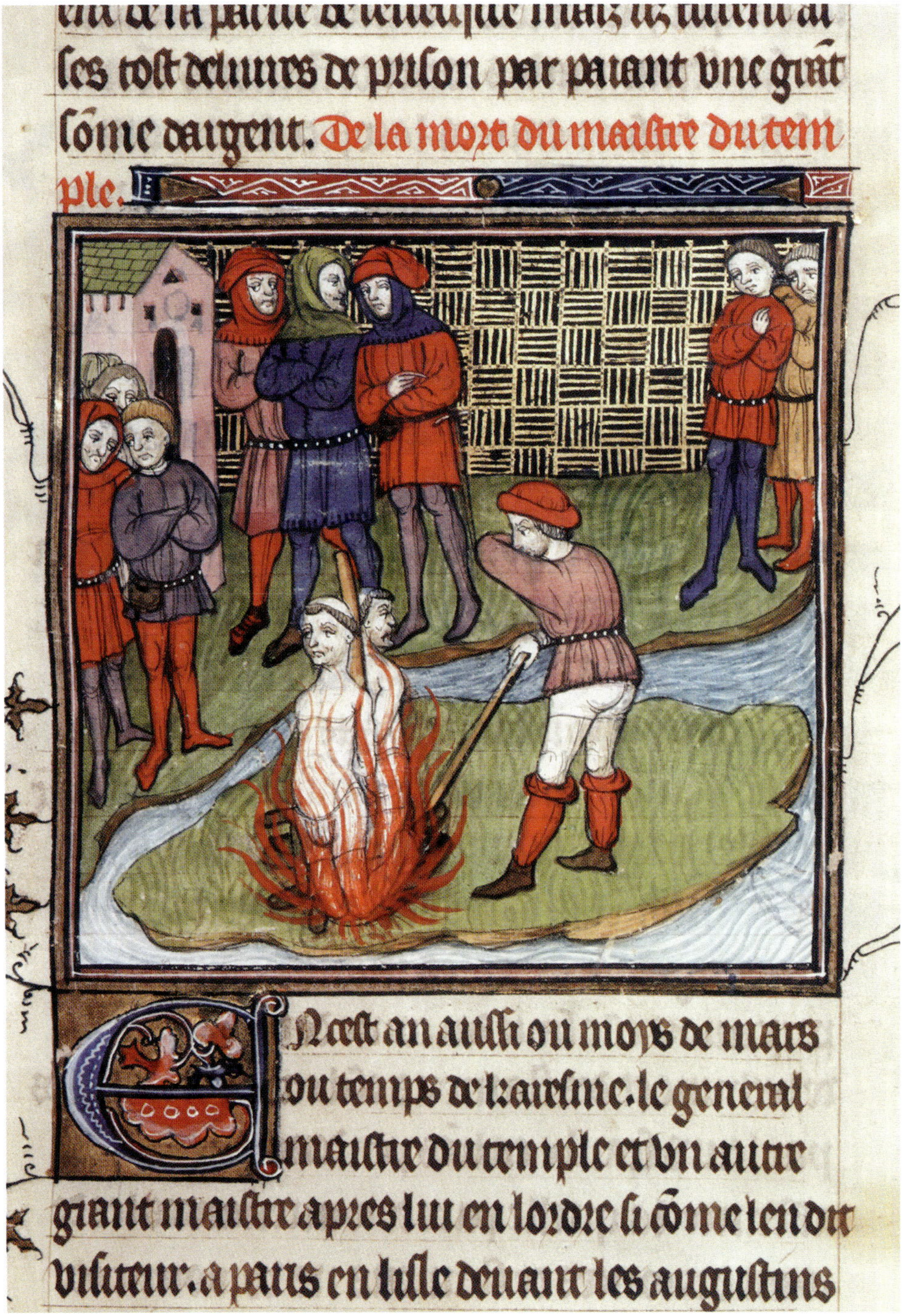
ses tost delivres de prison par paiant une grãt
sõme dargent. De la mort du maistre du tem
ple.
En cest an aussi ou moys de mars
ou temps de karesme. le general
maistre du temple et un autre
grant maistre apres lui en lordre si cõme len dit
visiteur. a paris en lisle devant les augustins

Exécution sur le bûcher, le 18 mars 1314, de Jacques de Molay (1243-1314) et du grand chef de la Province de Normandie Geoffroi de Charney. Miniature anonyme tirée de Chroniques de France ou de Saint-Denis.

des templiers par un parent) et Guillaume II, comte de Nevers. Six templiers, dont Hugues de Payns, témoignent de leur expérience de la vie militaire et religieuse et soulèvent les problèmes posés pour la défense du Saint-Sépulcre et des pèlerins en Terre sainte.
Le concile de Troyes s'inscrit dans la réforme grégorienne, lancée par le pape Grégoire VII, qui voit l'Église s'affranchir peu à peu de l'emprise du pouvoir temporel (rois et seigneurs n'hésitant pas à nommer les évêques) et combattre les abus criant du clergé, comme le nicolaïsme (prêtres vivant en concubinage) et la simonie (trafic des biens spirituels). Étienne Harding et saint Bernard accentuent cette volonté moralisatrice, allant même jusqu'à reprocher aux moines de Cluny des écarts à l'encontre de la règle de saint Benoît, comme les églises trop décorées et une nourriture trop abondante… Le concile de Troyes doit surtout fournir à l'ordre du Temple une Règle, où soient conciliés l'idéal du moine et celui du soldat. Elle doit être ensuite soumise, pour approbation, au patriarche de Jérusalem, Étienne de Chartres.

La Règle du Temple

La Règle du Temple, qui au départ était augustine, devient cistercienne par le concile de Troyes. Rédigée par le clerc Johan Michel, elle est complétée par le concile de Pise en 1134, confirmée en 1139 par la bulle du pape Innocent II *Omne datum optimum* et le 7 avril 1145 par celle de *Militia dei*. La Règle comporte 72 articles, dont les 8 premiers consacrés aux devoirs religieux des templiers, qui sont des moines, prononçant les vœux de pauvreté, de chasteté et d'obéissance. En 1165, les Retraits, rédigés en Français, complètent la Règle, précisent la hiérarchie, l'organisation interne de l'ordre et sa discipline militaire. Un siècle plus tard, les Statuts et les Égards codifient les cérémonies importantes et les interdits, pénitences, secrets des délibérations. En moins d'un quart de siècle, les templiers ont obtenu des droits exceptionnels, comme conserver le butin pris aux infidèles, de ne relever que du pape, et de n'être sous l'emprise ni du patriarche de Jérusalem, ni des évêques, d'être exemptés des dîmes et même d'en percevoir sans avoir à obtenir l'autorisation des évêques, d'être exonérés des serments et hommages dus à des suzerains, d'avoir leurs propres chapelains, d'ériger des chapelles privées, d'ouvrir les églises et les paroisses des cités excommuniées, une fois par an, pour y célébrer une messe basse, d'accepter les excommuniés à condition d'obtenir préalablement l'absolution de l'évêque. En outre, seul le grand maître peut autoriser un chevalier à quitter le Temple ou entrer dans un autre ordre. Le pape accorde à l'ordre d'avoir ses propres prêtres. Les frères du Temple se voient accorder le droit d'avoir leurs propres églises et cimetières. Les fidèles peuvent assister aux offices religieux célébrés dans l'église de la commanderie, d'y faire des dons et aumônes, tout autant qu'à l'église paroissiale. Le clergé séculier juge exorbitant tous ces privilèges consentis aux moines-soldats du Temple. Certains dominicains ne peuvent masquer une profonde jalousie.

La Règle comporte notamment les articles suivant :

« Vous qui avez servi jusqu'ici dans la chevalerie séculière, vous serez parmi ceux que Dieu a élus de la masse de perdition et a ordonné par son agréable pitié pour la défense de la Sainte Église. L'ordre de chevalerie refleurit et ressuscite. Lequel ordre méprisait l'amour de la justice, ce qui appartenait à son office et ne faisait pas ce qu'il devait : qui est de défendre les pauvres, les veuves, les orphelins et les églises [...].

« Vous devez toujours, avec un pur désir, entendre les matines et l'office divin selon les observances canoniques et les usances [...]. Si certain frère ne peut entendre le service de Dieu, il doit prier matines treize Notre Père ; pour chacune des heures sept et pour les vêpres neuf [...]. Suite à la mort d'un templier, qu'un pauvre soit nourri de viande et de vin jusqu'au quarantième jour en souvenir du frère mort [...]. De la façon de prier : que les frères disent l'oraison en silence, simplement et sans crier car celui qui parle fort détourne les autres frères de l'oraison. Au réfectoire, les frères doivent manger ensemble, en toute humilité et référence, et en silence. En tout temps, pour le dîner et le souper du couvent, qu'il soit lu la sainte leçon. Le lecteur vous enseigne à garder le silence dès qu'il commence à lire. Il est possible de manger de la viande trois fois par semaine. Le dimanche, à tous les frères du Temple, aux chapelains, aux clercs, on donnera deux plats de viande en l'honneur de la Sainte Résurrection de Jésus-Christ. Les autres, à savoir les écuyers et les sergents, se contenteront d'un plat et pour cela, rendrons grâce à Dieu [...]. Pour la disposition des écuelles, les frères mangent deux à deux afin que l'un se pourvoie à l'autre, qu'ils apprécient la vie dans l'abstinence et dans le fait de manger en commun [...]. Que chacun des frères ait une égale ration de vin dans son gobelet [...]. Les lundi, mercredi et samedi, les frères auront deux plats ou trois, de légumes ou de soupe [...]. Les restes du pain brisé seront donnés aux pauvres et le pain entier sera gardé [...]. Lorsque le jour s'en va et que la nuit vient, une collation sera donnée à la discrétion du maître. Le vin trempé sera donné raisonnablement ; on doit en prendre avec mesure car Salomon dit que le vin corrompt les sages.

« Les frères faibles et malades ne sont pas tenus au jeûne. Aux frères malades, qu'il soit donné une garde fidèle, qu'ils soient pourvus en viandes, chairs, oiseaux et toutes les autres viandes qui rendent la santé, et cela selon l'aisance et le pouvoir de la maison. Que les frères vieux et les faibles soient honorés et soient regardés selon leur faiblesse ; pour les choses qui sont nécessaires à leurs corps, que rien ne leur soit retenu en aucune manière, dans le respect de l'autorité de la Règle.
« Du repos nocturne : quand les frères sortent des complies, ils n'ont aucune permission de parler, à moins d'une grande nécessité. Que chacun s'en aille sagement et en paix dans son lit. À celui qui parle nous défendons, en toute manière, les paroles oiseuses et les vilains éclats de rire. Les frères qui ont travaillé pour la grande besogne de la maison peuvent être dispensés de se lever à matines.
« Des vêtements et des chevaux : toutes les robes des frères sont teintes d'une même couleur, à savoir blanche, noire ou de bure. Le manteau blanc est octroyé à tous les frères chevaliers, en hiver comme en été. À nul autre, qui n'est chevalier du Christ, il n'est permis de porter le blanc manteau. Ces robes doivent être sans superflu et sans orgueil ; ni fourrure, ni pelisse à sa robe, ni même couverture, si ce n'est l'agneau ou le mouton. Ceux qui reçoivent des robes neuves doivent rendre les vieilles pour les donner aux écuyers et aux sergents, mais le plus souvent aux pauvres. En tout temps, les frères dormiront vêtus de chemises et de braies, de chausses et de ceintures ; là où ils dormiront, qu'il y ait une lumière jusqu'au matin. Le drapier se doit de pourvoir aux frères des habits bien taillés afin qu'ils puissent avoir bon aspect devant et derrière. Qu'ils aient la barbe et la moustache sans qu'aucune superfluité de vice ne puisse être notée en leur tenue. Nous défendons les becs et les lacets de soulier, les choses superflues dans les cheveux, les robes démesurément longues [...]. Qu'il soit donné à chaque frère, à cause de la grande chaleur qu'il y a en pays d'Orient, de Pâques à la Toussaint, une chemise de toile [...]. Chaque frère chevalier peut avoir trois bêtes et pas plus, cela à cause de la grande pauvreté qui est dans la maison de Dieu et du Temple de Salomon. À chaque frère chevalier, nous octroyons d'avoir trois bêtes et un écuyer ; et si cet écuyer sert de son propre gré à la charité, le frère ne doit pas le battre pour quelque faute qu'il fasse. Les chevaliers séculiers qui combattent dans les rangs du Temple doivent posséder un cheval convenable, des armes et tout ce qui leur sera nécessaire pour leurs besoins... Si, pendant le terme, le cheval meurt au service de la maison, la maison remplace le cheval. Qu'aucun frère n'ait de couverture ni pour l'écu [bouclier], ni pour la lance, car ce n'est d'aucun profit [...].

Templier à cheval. © Fonds Allard

« De l'obéissance au maître : lorsqu'une chose sera commandée par le maître ou par celui auquel il a délégué son pouvoir, elle sera faite sans réserve, comme si c'était Dieu qui l'avait commandée [...]. Seul le maître peut autoriser les frères à aller en ville. Qu'un frère ne combatte, ni ne se repose selon sa propre volonté, mais selon les commandements du maître, auxquels tous doivent s'incliner. Le maître peut donner à qui il voudra le cheval d'un autre frère ainsi que ses armures et ce qu'il voudra d'autre. Sans congé du maître ou de son commandeur, aucun frère ne doit recevoir de lettre ni de ses parents ni d'autres personnes ; mais lorsqu'il en aura le congé, s'il plaît au maître ou au commandeur, les lettres seront lues devant lui. Le maître doit connaître la sagesse des frères qui sont appelés au conseil. Lorsqu'il advient qu'ils aient à traiter de grandes choses, comme donner une terre commune, ou parler des affaires de la maison, donc s'il plaît au maître, il est convenable de réunir toute la congrégation et d'entendre le conseil de tout le chapitre. Ce qui semblera au maître le plus profitable et le meilleur, qu'il le fasse alors.

« Des paroles oiseuses : nous défendons fermement qu'un frère raconte à un autre frère les procès qu'il a eus dans le siècle et qu'il fasse état des délits de chair qu'il a eus avec des femmes ; s'il advenait qu'une chose soit entendue par un autre frère, qu'il le fasse taire aussitôt. Chaque frère ne doit pas inciter son frère au courroux ni à la colère. Fuyez comme la peste envie, murmure et calomnie.

« Des dons et du dépouillement : si une chose qui ne peut être conservée, comme la viande, est donnée à un frère par un homme du siècle, il doit la présenter au maître. Un frère ne possède rien, ni victuailles, ni linge, ni laine, ni autre chose, hormis son sac. Vous qui avez abandonné les délicieuses richesses de ce siècle, nous croyons que vous êtes sujets de par bonne volonté à la pauvreté, en conséquence nous vous conservons l'avoir de vos dîmes. Toutes les offrandes nous commandons de les rendre. Les serviteurs de l'Église ont la viande et la robe et ne peuvent prétendre à autre chose.

« De la chasse : qu'aucun frère ne prenne un oiseau avec un autre oiseau. Qu'on ne voit pas les frères avec des arcs et des arbalètes pour chasser les bêtes. Vous ne devez pas non plus aller après les chiens, ni pointer le cheval pour tenter par convoitise de prendre une bête sauvage. Vous devez mettre vos armes au service de vos frères, et défendre la terre des mécréants païens qui sont les ennemis de la Vierge Marie.

« Des possessions templières : nous faisons savoir que cette chevalerie armée puisse, sans culpabilité, tuer les ennemis de la Croix. Pour cela, nous jugeons par droit que vous soyez appelés chevaliers du Temple, que vous puissiez avoir des terres, des hommes, des vilains [cerfs], tenir des champs.

« Des frères mariés et des femmes : si des frères mariés demandent la fraternité, ils doivent mener une vie honnête et s'efforcer de faire du bien aux frères. Mais ils ne doivent jamais porter robe blanche, ni blanc manteau ; si le baron meurt avant sa femme, les frères doivent prendre la part de ses biens, et l'autre part, la dame en aura jouissance de sa vie. La compagnie des femmes est chose dangereuse. Que les dames, en qualité de sœurs, ne soient jamais reçues en la maison du Temple. Que la fleur de la chasteté, très chers frères, apparaisse en tout temps entre vous. Nous croyons qu'il est à toute religion une chose périlleuse que celle de regarder les femmes en face. Et pour cela qu'aucun de vous ne présume pouvoir baiser ni veuve, ni pucelle, ni sa mère, ni sa sœur, ni sa tante, ni aucune autre femme. Les frères doivent aussi refuser d'être parrains d'enfants : qu'aucun ne soit assez hardi de lever un enfant sur les fonts baptismaux.

« Des excommuniés : un homme manifestement excommunié ne doit pas avoir de compagnie avec les frères du Temple. Toutefois, les frères peuvent se rendre auprès des chevaliers excommuniés afin de tenter de les recruter pour la chevalerie des parties d'outre-mer. Auparavant, ils devront être absous par l'évêque de leur province.

« De la réception dans l'ordre : si un chevalier séculier, ou tout autre homme, veut s'en aller de la masse de perdition et choisir la vie commune du Temple, ne vous pressez pas de le recevoir. Pour que la compagnie des frères lui soit octroyée, que la Règle soit lue devant lui, et s'il veut obéir à ses commandements, et s'il plaît au maître et aux frères de le recevoir, qu'il montre sa volonté et son désir devant tous et qu'il fasse sa demande avec un pur courage. Pour les écuyers et les sergents qui veulent servir dans la maison du Temple, qu'ils soient reçus en toute confiance, pour que les ennemis ne leur mettent le repentir de leur courage. Bien que la Règle des saints pères soit qu'ils acceptent de recevoir les enfants en religion, nous ne vous conseillons pas de vous en charger. Car celui qui voudra donner perpétuellement son enfant à la religion de la chevalerie doit le nourrir jusqu'à l'heure où il pourra porter vigoureusement les armes.

« Des frères en mission : ils doivent s'efforcer de pratiquer les commandements de la Règle selon leur pouvoir, et vivre sans reprendre de viande ou de vin ou autre chose afin qu'ils puissent donner un bon témoignage à ceux qui sont dehors. Et ci cela se peut, s'ils sont dans une maison ou s'ils guerroient ou s'ils sont à l'herbage, que la nuit ne soit pas sans lumière.

« Du châtiment des fautes : si un frère, en chevauchant, ou en parlant ou en toute autre manière, fait une faute légère, il doit, de son propre gré, montrer la faute au maître. S'il n'en est pas coutumier, il aura légère pénitence, mais si la faute est trop grave, qu'il soit retiré de la compagnie de ses frères, et qu'il soit soumis au jugement du maître. Si un frère, puissant ou non, fort ou faible, ne veut pas s'amender petit à petit, s'il refuse de se plier à de petites admonestations, qu'il soit ôté du troupeau. Il est besoin que vous ôtiez la mauvaise brebis de la compagnie des frères faibles. Le maître doit tenir en la main le bâton et la verge pour soutenir les faiblesses et les forces des uns ; la verge pour guérir les vices de ceux qui fauteront. Que la bonté soit plus grande que la faute et qu'aucune détresse démesurée ne fasse retourner le pécheur à mal faire [4]. »

L'ÉTAT DE MOINE-SOLDAT ET LA CONSCIENCE

L'état de moine-soldat des chevaliers du Temple n'est pas sans poser des problèmes de conscience à certains, voire suscite bien des critiques au sein de l'Église, où des voix s'élèvent contre cette contradiction au sein de la société féodale. Ainsi en témoigne la lettre adressée à Hugues de Payns par le prieur de la Grande-Chartreuse, Guigues :
« Nous ne saurions en vérité vous exhorter aux guerres matérielles et aux combats visibles ; nous ne sommes pas non plus aptes à vous enflammer pour les luttes de l'esprit, notre occupation de chaque jour, mais nous désirons du moins vous avertir d'y songer. Il est vain en effet d'attaquer les ennemis extérieurs, si l'on ne domine pas d'abord ceux de l'intérieur... Faisons d'abord notre propre conquête, amis très chers, et nous pourrons ensuite combattre avec sécurité nos ennemis du dehors.
Purifions nos âmes de leurs vices, et nous pourrons ensuite purger la terre des barbares [...]. Car ce n'est pas contre les adversaires de chair et de sang que nous avons à lutter, mais contre les principautés, les puissances, contre les régisseurs de ce monde des ténèbres, contre les esprits du mal qui habitent les espaces célestes, c'est-à-dire contre les vices et leurs instigateurs, les démons [5]. »
Ce prieur de l'ordre des chartreux (moines catholiques contemplatifs) insiste sur la pratique de l'oraison, méditation silencieuse libérée des concepts de la pensée discursive. L'oraison est une invitation à découvrir, dans les profondeurs de notre être, le Dieu caché qui y réside et nous fait signe parfois. C'est un chemin d'union vers Dieu qui ne

4. Cité par Pierre Ripert, *op. cit.*
5. Cité par Michel Lamy, *Les templiers*, Éditions Aubéron, 1994.

requiert aucune connaissance ou aptitude particulière, et qui interpelle les riches comme les pauvres, les justes comme les pécheurs : « La quiétude en constitue le premier degré, rapporte Chantal Quillet, parce que la vue simple de Dieu qui s'y manifeste est encore susceptible de distractions ; mais peu à peu le sentiment de la présence divine devient assez fort pour "captiver" la volonté qui se concentre tout entière dans cette appréhension amoureuse de Dieu, sans tenir compte de l'activité de la mémoire et de l'imagination. Dans cette forme d'union "pleine", en réponse au désir purifié de l'âme, Dieu se communique dès lors à sa créature en se faisant connaître et en lui ouvrant la voie de l'Esprit dans "une prière de goût divin". Le choix du goût dans le registre des sensations évoque la perception la moins conceptualisable, puisqu'il s'y produit une sorte de symbiose entre l'objet et le sujet, de sorte que le même terme évoque à la fois le sens qui perçoit et la qualité de l'objet perçu : "goûter Dieu" signifie que, dans l'union transformante, l'extériorité de la relation s'abolit. L'âme entre alors dans une forme de connaissance participative, percevant les perfections divines par infusion et possédant intimement ses mystères. Dans "ce goût de Dieu" s'associent étroitement l'élan unitif du pur amour et le caractère ineffable d'un savoir non rationnel [6]. »
Un chartreux témoigne que « pour être un homme de prière, il faut la paix intérieure, il faut habituer nos yeux à une lumière tout autre, en les fermant à la lumière naturelle. Il faut un détachement à l'égard de tout ce qui n'est pas Dieu. Il faut le silence à l'écoute de ce qui est plus que la parole. Il faut entrer dans les profondeurs de son être où le cœur et l'intelligence, dans leur racine indifférenciée, sont un. Là où Dieu touche, influence la racine de l'être, donnant par grâce sa propre vie, se donnant lui-même [...]. La paix intérieure exige le détachement, un détachement qui s'exprime par le silence et la solitude, la pauvreté et l'obéissance, la chasteté et la prière [7]. » Cette voie spirituelle de l'intériorité est celle que pratiquent les mystiques des grandes religions, là où règnent la paix et la sérénité, l'amour et la compassion, la joie altruiste et l'équanimité (égalité d'âme). Frédéric Lenoir écrit que « c'est dans la perspective de la mystique comme pratique que la question du divin en soi est approchée. Quand le moine ferme ses yeux en contemplant le saint sacrement, au cours de l'oraison, il intériorise au plus profond de lui le divin. Le rôle accordé à l'amour dans la vie spirituelle vient confirmer l'importance du thème de l'intériorisation [8] ».

6. *Encyclopédie des religions*, Éditions Bayard, 1997.
7. *Le chemin du vrai bonheur, par un chartreux*, Éditions des Presses de la Renaissance, 2002.
8. Frédéric Lenoir, *Les métamorphoses de Dieu*, Éditions Plon, 2003.

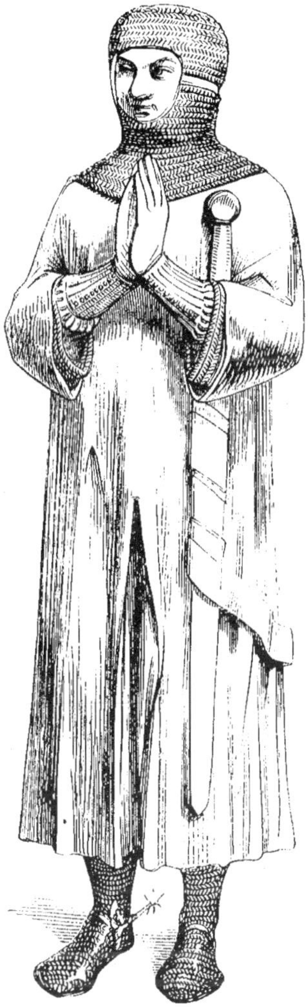

Templier priant. © Fonds Allard

Saint Bernard de Clairvaux, ardent défe seur de l'ordre du Temple, va balayer les doutes dans une lettre célèbre, *De laude nova militae* (Éloge de la nouvelle milice), où il glorifie la vie guerrière et l'idéal des templiers : « Ils obéissent parfaitement à leur supérieur ; ils évitent tout superflu dans la nourriture et les vêtements. Ils vivent en commun dans une société agréable, mais frugale, sans femmes ni enfants, sans posséder rien en propre, pas même leur volonté.

« Ils ne sont jamais oisifs et quand ils ne marchent point à la guerre, ce qui est rare, ils raccommodent leurs armes ou leurs habits et font enfin ce que le maître leur ordonne. Ils détestent les échecs, les dés, la chasse et la fauconnerie.

« À l'approche du combat, ils s'arment de foi au-dedans et de fer au-dehors, sans ornement sur eux ni sur leurs chevaux ; ils chargent vigoureusement l'ennemi sans craindre le nombre et la fureur des barbares, se confiant non à leur force, mais en la puissance du dieu des armées, ainsi ils joignent ensemble la douceur des moines et le courage des soldats.

« Le chevalier du Christ donne la mort en toute sécurité et la reçoit avec plus d'assurance encore. S'il meurt, c'est pour son bien, s'il tue, c'est pour le Christ. [...]

« Ainsi le chevalier du Christ donne la mort en pleine sécurité et la reçoit dans une sécurité plus grande encore. Ce n'est pas en vain qu'il porte l'épée ; il est le ministre de Dieu, et il l'a reçue pour exécuter ses vengeances, en punissant ceux qui font de mauvaises actions et en récompensant ceux qui en font de bonnes.

« Lorsqu'il tue un malfaiteur, il n'est point homicide [...] ; il exécute à la lettre les vengeances du Christ sur ceux qui font le mal, et s'acquiert le titre de défenseur des chrétiens [...].

« Sans doute, il ne faudrait pas tuer les païens, non plus que les autres hommes, si l'on avait un autre moyen d'arrêter leurs invasions et de les empêcher d'opprimer les fidèles. Mais dans les circonstances présentes, il vaut mieux les massacrer que de laisser les justes exposés à commettre aussi l'iniquité [...]. Oui, qu'ils dispersent, ils en ont le droit, ces païens qui veulent la guerre, qu'ils suppriment ceux qui nous troublent ; qu'ils boutent hors de la cité du Seigneur tous ces ouvriers d'iniquités qui rêvent de ravir au peuple chrétien ses inestimables richesses enfermées dans Jérusalem, de souiller les Saint Lieux et de s'emparer du sanctuaire de Dieu ! Que la double épée des chrétiens soit tirée sur la tête de nos ennemis, pour détruire tout ce qui s'élève contre la science de Dieu, c'est-à-dire contre la foi des chrétiens [...] [9]. »
Désormais légitimés par la plus haute autorité morale et spirituelle de l'Occident, ainsi que par la reconnaissance pontificale, l'ordre du Temple va connaître un développement considérable.

Un ordre hiérarchisé

L'ordre du Temple s'articule géographiquement en plusieurs provinces. En Terre sainte, on compte celles de Jérusalem, de Tripoli et d'Antioche. La province de Jérusalem est celle où réside le maître de l'ordre, ainsi que les deux commandeurs : le commandeur de la terre et du royaume de Jésuralem fait office de trésorier pour cette région, le commandeur de la cité de Jérusalem assure la défense et la conduite des pèlerins en Terre sainte. À la tête des deux provinces de Tripoli et d'Antioche se trouvent également deux commandeurs qui représentent le maître. Les provinces templières, dirigées chacune par un commandeur, sont pour l'Occident celles de France, Poitou, Limousin-Auvergne, Provence, Angleterre (avec l'Irlande et l'Écosse), Aragon (englobant Catalogne et Roussillon), León-Castille, Portugal, Lombardie (Italie du Nord), Pouilles et Sicile (Italie du Sud), Allemagne et Hongrie. Au XIIIe siècle, après la prise de Constantinople par les croisés, une province templière de Romanie est fondée en Grèce.
L'organisation hiérarchique de l'ordre repose sur le maître. Le roi de France Louis VII lui donne, suite à la deuxième croisade, le rang de prince, ce qui le place à l'égal des souverains. Élu par un collège auquel participent les commandeurs des provinces, il dispose d'un pouvoir presque absolu sur les moines. Vient ensuite le sénéchal, lieutenant du

9. Cité par Patrick Huchet, *op. cit.*

maître, qui peut le remplacer en cas d'absence ou de décès, avant une nouvelle élection. Le maréchal s'occupe des affaires militaires et peut déléguer ses pouvoirs à des maréchaux provinciaux. Les commandeurs dirigent les provinces. Le drapier se charge des équipements et habillements. Les commandeurs de maisons gèrent la commanderie dont ils ont la charge, sous la tutelle du commandeur de province. Les commandeurs des chevaliers, lieutenants du maréchal, dirigent une troupe de dix chevaliers. Les chapelains, liens entre le grand maître et le pape, sont les seuls ecclésiastiques habilités à célébrer les offices religieux de l'ordre et à confesser les frères. Le sous-maréchal exerce une fonction d'armurier. Le gonfanonier s'occupe de la discipline et de l'intendance. Le turcoplier est responsable des non-nobles, écuyers, sergents et cavaliers auxiliaires, les turcopols, chrétiens orientaux ou musulmans convertis au christianisme, sont recrutés en Terre sainte.
La hiérarchie des frères s'établit conformément à la société féodale avec les frères chevaliers issus de la noblesse, qui sont ceux qui combattent. Les frères chapelains assurent les offices religieux. Les frères sergents sont les auxiliaires des chevaliers.

Les commanderies templières

Au sein des provinces occidentales, les commanderies templières ne jouent aucun rôle militaire, sauf en Espagne et au Portugal, et se présentent comme de vastes exploitations agricoles, dépourvues souvent de fortifications. À la fin du XIIIe siècle, on compte une quarantaine de commanderies en Angleterre, à peu près autant en Provence, une trentaine en Aragon et Catalogne, deux en Navarre et près de deux mille en France, où l'ordre est de loin le mieux implanté.
« Fondées à l'origine à partir d'un don, écrit Bernard Briais, ces commanderies se sont progressivement agrandies et constituent de vastes domaines dont l'objectif est de dégager des bénéfices pour financer l'œuvre du Temple en Terre sainte. Les bâtiments se disposent généralement autour d'une cour centrale : granges, étables, écuries, caves, celliers en occupent la plus grande partie. Une chapelle montre le caractère religieux de l'établissement [10]. »
Les commanderies sont multiples et variées. En 1307, la commanderie de Baugy dans le Calvados, dirigée par frère Aubin, abrite deux autres

10. Bernard Briais et Jean-Marie Ruffieux, *Les templiers*, Éditions du Seuil, 1985.

templiers, Raoul et Guillaume, et deux clercs dont le chapelain, Guillaume Duredent. Autour d'eux, une vingtaine de personnes travaillent sur le domaine : six laboureurs, un vacher, un berger, un gardien de poulains, deux porchers, un gardien d'oies, un forestier, un boulanger, un cuisinier et ses deux apprentis, un portier, trois servantes. Le cheptel comprend une centaine de porcs, plus de trente bovins et près de trois cents moutons, ainsi que de nombreux chevaux. On récolte tout ce qu'il faut pour subvenir aux besoins de la maison, et en particulier des céréales (froment, seigle, orge, avoine), mais encore des pois, de la vesce (plante fourragère), du foin, du chanvre... On cultive de la vigne, mais le vin est réservé aux frères. Pour leur part, les domestiques doivent se contenter de cervoise (bière).

La commanderie de Richerenches, dans le Vaucluse, provient d'une donation du seigneur de Bourbouton, dont les terres ont été asséchées, drainées, défrichées, afin de les rendre aptes à la culture. L'activité s'oriente vers la production de légumes (salades, lentilles, courges, choux, fèves) et des céréales faciles à transporter : blé, orge, avoine et seigle. L'élevage de moutons permet la production de laine pour la confection des manteaux des frères. L'élevage des chevaux demeure l'une des priorités. Dès 1146, le haras de cette commanderie produit des destriers capables de supporter les conditions difficiles en Terre sainte. Des moulins fonctionnent dans diverses fermes ou dépendances. Vignes et arbres fruitiers sont également exploités. Très prospère, la commanderie de Richerenches compte jusqu'à deux cent soixante-quinze membres.

La commanderie de Ruou, située en Provence, apparaît dans une charte de 1155, par laquelle les seigneurs de Flayosc et de Rovère se mettent d'accord pour donner aux frères du Temple les terres situées entre Lorgues et Villecroze, celles de Salgues et Salguettes.

La commanderie de Sainte-Eulalie du Larzac provient d'une donation de Raymond de Luzançon, lors de son entrée dans l'ordre. L'importante expansion se constitue grâce à des donations, des acquisitions et des échanges. Durant cent cinquante ans, les templiers du Larzac vont ainsi mettre en valeur la région, défrichant, irriguant, valorisant les terres, développant l'élevage, pour en faire une exploitation prospère. L'inventaire des biens de la commanderie, en 1308, donne une idée précise de son importance : 1 725 ovins, 160 caprins, 146 bovins dont 63 bœufs de labour, 35 chevaux, 24 porcs, 8 ânes ou mulets. Proche des ports de la Méditerranée, la commanderie de Sainte-Eulalie et ses dépendances ont largement contribué à l'effort de guerre en Terre sainte, principale vocation des maisons du Temple en Occident.

La commanderie de Montsaunès, en Comminges, représente un immense domaine, issu des donations du comte de Comminges, mais également des seigneurs de Montpezat, de Roquefort, de Bartère, de Couts, d'Aspect, de Martres, de Tersac, de Saint-Martory… « Ainsi, à la fin du XIIe siècle, écrit Charles Higounet, les templiers possédaient Batère, Castans, Vidalet, Figarol, Sainte-Mayronne de la Pujole, à Saint-Martory et sur la rive gauche de la Garonne, à Lafitte et à Carrole, à Salies et dans la vallée du Salat, à Couts, sur le versant nord du massif d'Ausseing, à Canens, dans le Terrefort, en Castillonnais enfin… Ils sont devenus de riches seigneurs, leur maison fortifiée est sans doute terminée à présent, ainsi que leur très belle chapelle castrale. Ils rendent la justice dans leurs nombreuses possessions, et celle-ci leur versent des redevances qui leur permettent de vivre aisément [11]. »
En 1124, le comte Guillaume de Poitiers fait don à l'ordre d'une église à La Motte dans le diocèse de Fréjus, puis de l'église Saint-Jean à Saint-Paul-Trois-Châteaux sur un territoire auquel est adjointe une maison rurale à Richerenches. Dès 1150 un nombre important de commanderies sont localisées en Avignon et bientôt à Arles, Saint-Gilles, puis à Nice, Aix, dans la région d'Orange et de Vaison. On compte vingt-neuf maisons du Temple dans les limites du Midi provençal. « C'est une région particulièrement importante pour les templiers car, non acquise alors à l'autorité pontificale, elle doit assurer le ravitaillement des établissements d'Orient, par la vallée du Rhône et le port de Marseille, en produit de la terre, foin, froment, chevaux, mais aussi en bien divers [12]… », écrit Régine Pernoud.
Les commanderies d'Europe, véritables exploitations agricoles administrées avec un grand soin, ne diffèrent pas dans leur ensemble des bâtiments des autres exploitations rurales. Celle de Richerenches dans le Vaucluse s'articule autour d'un vaste quadrilatère avec des tours aux angles, dont l'une, au sud, contient la chapelle. Les commanderies templières de la région charentaise, comme Malleyrand, Angles, Château-Renard et Grand-Mas-Dieu ont également conservé leurs chapelles, édifices le plus souvent rectangulaires, couverts de voûtes soutenues par des arcs-doubleaux, avec un chœur généralement à chevet plat éclairé par trois fenêtres. Ces chapelles s'apparentent à celles qu'ont élevées les cisterciens.

11. Cité par Patrick Huchet, *op. cit.*
12. Régine Pernoud, *Les templiers, chevaliers du Christ*, Éditions Gallimard, 1995.

La commanderie d'Arville, près de Vendôme, reste de nos jours une des mieux conservées de France. On y découvre une chapelle du XIIe siècle, les murs d'enceinte, une superbe porte flanquée de deux tours, divers bâtiments d'exploitation, un pigeonnier, une grange à trois nefs... L'ensemble dessine un vaste quadrilatère fermé sur lui-même, avec des jardins, et des champs cultivés à l'extérieur.
Seule la chapelle souligne le caractère religieux de cette exploitation agricole.
L'historien Alain Demurger estime que près de trois mille commanderies ont vu le jour en Occident [13]. On note que l'implantation des plus importantes commanderies se situe le long des voies de pèlerinage et de grande circulation. Du XIIe au XVe siècle, le sanctuaire de Saint-Jacques-de-Compostelle attire de très nombreux pèlerins, venant de toute l'Europe, désireux de vénérer le tombeau de l'apôtre Jacques en terre de Galice. Grâce à l'implantation des nombreuses commanderies, les templiers peuvent surveiller les chemins suivis par les pèlerins. C'est ainsi qu'en Bretagne, les templiers s'implantent à Saint-Alban et à Montbran, afin notamment de protéger les pèlerins arrivant des îles Britanniques. Dans les Pyrénées, les templiers protègent les pèlerins de Compostelle, comme ceux qui passent par Arles, Toulouse et le col de Somport, ou ceux du Piémont, qui font route par Saint-Lizier et Saint-Bertrand-de-Comminges. Ainsi les templiers s'installent à Gavarnie, Aragnouet, Montsaunès, ou à Huesca, côté espagnol.
« Si le puzzle si dense des itinéraires européens, écrit Patrick Huchet, empruntés par les pèlerins de Compostelle au Moyen Âge, se réduit à une voie unique, à partir de Puente La Reina, au royaume de Navarre : c'est le mythique *camino francés*, ainsi baptisé parce que venant de France.
« Des commanderies templières sont attestées près du grand chemin, comme à Villalcazar de Sirga, dont il demeure une imposante église romane et une célèbre statue de pierre, Santa Maria la Blanca, vénérée par les jacquets (pèlerins de Compostelle), et à Ponferrada, remarquable pour son impressionnant château édifié par les moines-soldats. Du simple *castro* (emplacement défensif) qui leur fut confié, en 1178, par les rois de León, les frères du Temple n'eurent de cesse de l'agrandir pour en faire une véritable forteresse, à l'ombre de laquelle les pèlerins se sentaient en sécurité [14]. »

13. Alain Demurger, *Vie et mort du Temple*, Éditions du Seuil, 1993.
14. Patrick Huchet, *op. cit.*

Concernant les pèlerins devant se rendre en Terre sainte, les commanderies se multiplient autour des ports de la Méditerranée, ainsi que près des axes routiers environnant : Orange, Montélimar, Aix, Arles, Marseille, Saint-Gilles, Collioure, Martigues, Hyères, Toulon, Saint-Raphaël, Nice, Gênes.
Les donations en faveur des templiers se multiplient en Europe à partir des années 1135-1140. En Italie, une grande commanderie est fondée à Milan durant cette période. En Espagne, confrontés aux mêmes ennemis qu'en Palestine, les souverains des royaumes chrétiens du nord de la péninsule accueillent très favorablement les moines-soldats du Temple. Dès 1130, le comte de Barcelone, Raymond III Bérenger, leur donne la forteresse de Granana. L'année suivante, Alphonse Ier, roi d'Aragon et de Navarre, fait un testament par lequel il cède son royaume aux ordres du Temple, de l'Hôpital et du Saint-Sépulcre. « Hésitant à s'engager sur un nouveau front (alors qu'il y a déjà tant à faire en Terre sainte), les templiers refusent ce "cadeau empoisonné", écrit Patrick Huchet. Ce n'est qu'en 1143 qu'ils acceptent d'aller combattre les Maures, après avoir cédé aux instances pressantes du comte de Barcelone, Raymond Bérenger IV (successeur de Ramiro qui avait réuni le royaume d'Aragon et la Catalogne). C'est dans cette région que les chevaliers du Temple fondent de puissantes commanderies au cours du XIIe siècle : Gardeny, Corbins, Barbens, Granana, Puigreig. En Aragon, ils s'établissent à Monzon et Huesca [15]. »
La vie quotidienne dans une commanderie du Temple se trouve rythmée par les offices religieux. Dès que la cloche sonne matines, vers quatre heures du matin, les frères vont prier à la chapelle. Deux heures après, ils y retournent pour y entendre la messe de prime. Après avoir récité les heures de Notre-Dame, les frères effectuent les tâches que le commandeur leur a confiées. À l'heure du déjeuner, ils gardent le silence durant tout le repas, tandis que le chapelain lit à haute voix les Saintes Écritures. Pendant l'après-midi, les frères vaquent à leurs occupations, puis vont entendre les nones et les vêpres. Avant de se coucher, ils se réunissent pour entendre les ordres que le commandeur a à leur donner, pour la journée du lendemain. Ils vont ensuite chanter les complies dans la chapelle. Comme le souligne Michel Lascaux, les frères mangent sobrement : « On ne leur donnait de la viande que trois fois par semaine, et ils observaient avec assiduité les jeûnes que leur prescrivait l'Église [16]. »

15. Idem.
16. Michel Lascaux, *Les templiers en Normandie*, Éditions Ouest-France, 1983.

Les forteresses en Terre sainte

Lorsqu'il meurt, le 24 mai 1136 en Palestine, Hugues de Payns se trouve à la tête d'un ordre fort d'une armée de trois cents chevaliers et de trois mille hommes de troupe. Cette armée se trouve répartie en diverses forteresses qui défendent la Terre sainte, afin de protéger les Occidentaux. En effet, peu nombreux, isolés parmi les populations hostiles, les Occidentaux doivent s'appuyer sur un réseau de forteresses, placées aux points stratégiques (entrées des vallées, carrefours de pistes, ports). La plupart sont gardées par les ordres militaires. Les forteresses situées en bordure de mer, sur des promontoires escarpés, séparées parfois de la côte par un fossé, permettent de rester en relation avec l'Europe. À l'intérieur des terres, des châteaux forts sont construits sur des collines. Ces citadelles sont théoriquement en mesure de supporter de longs sièges, d'où la nécessité pour leurs occupants de disposer d'importantes réserves de vivres et surtout, point capital dans ces régions aux étés torrides, d'un approvisionnement régulier en eau, par des puits et autres citernes.

Au sein de la principauté d'Antioche, on compte trois grandes forteresses templières, avec La Roche-Guillaume, Roche-de-Rissel et Baghras. Au comté de Tripoli se dressent les forteresses templières de Tortose et Chastel-Blanc, aux côtés de celles des chevaliers hospitaliers, avec le krak des Chevaliers et Margat. Le royaume de Jérusalem est défendu par les forteresses templières de Sidon, Beaufort, Saphet, Château-Pèlerin, La Fève, Merle et Gaza, ainsi que celles des hospitaliers avec Beauvoir et Arsuf, et celle des chevaliers teutoniques, avec Montfort et Château-Neuf. Ainsi les États chrétiens (ou latins) d'Orient comptent dix-neuf grandes forteresses des ordres militaires, dont douze sont templières.

Château-Pèlerin, la plus colossale des forteresses templières, surveille la route côtière entre Haïfa et Césarée. D'une superficie de quatre hectares, elle est entourée d'épaisses murailles faites d'énormes blocs de pierre. Citadelle inviolable, Château-Pèlerin sera le dernier bastion tenu par les chrétiens en Terre sainte et ne sera évacué par les templiers que le 14 août 1291, sans jamais avoir été pris par les musulmans. La gigantesque place forte templière de Saphaet se dresse au nord du lac de Tibériade. Elle peut abriter près de deux mille hommes. Sa garnison comprend en permanence cinquante chevaliers, trente sergents, cinquante turcopoles, trois cents arbalétriers, sans compter de nombreux écuyers et une foule d'artisans : maçons, forgerons, charpentiers, bourreliers… Pour nourrir tous ces gens, il est nécessaire d'acheminer chaque année, à dos de mulet, douze mille charges de céréales.

L'ordre du Temple impressionne les souverains occidentaux, mais également les émirs musulmans, avec son armée disciplinée, parfaitement organisée et disponible en permanence. Elle compte en Terre sainte cinq cents chevaliers, plusieurs centaines de sergents et de turcopoles. L'efficacité de sa stratégie repose, en partie, sur la charge furibonde de la cavalerie lourde. Les frères du Temple sont animés d'une foi et d'un courage sans faille, comme le signale un chroniqueur de l'époque : « Les templiers, les premiers à attaquer, les derniers à se replier [17]. » On comprend alors pourquoi l'ordre devient le gardien des principales forteresses en terre sainte, ainsi que le meilleur garant de la défense des États chrétiens latins d'Orient. Occupant une place essentielle dans le système militaire, il apparaît de plus comme un État dans l'État.

Le Krak des Chevaliers, achevé au XIIIᵉ siècle, est un modèle de perfection en matière de fortification médiévale : il tient une place considérable dans l'histoire de l'architecture militaire du Moyen Âge. © Fonds Allard

17. Cité par Alain Demurger, *op. cit.*

Devise, gonfanon et sceau

La devise des templiers est souvent brodée tout autour du gonfanon baucéant ((bannière ou étendard de l'ordre). Elle trouve son origine dans les psaumes : *Non nobis Domine, non nobis, sed Nomini Tuo da Gloriam* (« Non pas à nous Seigneur, non pas à nous, mais à Ton Nom seul, donne la Gloire »). Le gonfanon baucéant, à la fière devise templière, devient célèbre sur les champs de bataille. Moitié noir (symbolisant le combat contre l'ennemi), moitié blanc (l'amour pour les amis), orné de la croix rouge, il est porté par le gonfanonier, qui ne doit en aucun cas le baisser ni le perdre. C'est un immense honneur pour un templier de porter le gonfanon baucéant. Cet étendard stimule l'ardeur des chevaliers du Temple, dont les statuts interdisent la possibilité de reculer ou de demander grâce.
Le sceau de l'ordre représente un cheval monté par deux cavaliers, image destinée à perpétuer le souvenir de leur pauvreté primitive, car, au début, ils étaient si pauvres qu'un seul cheval servait pour deux. Une autre image de cette dualité complémentaire est un rappel de la Règle qui impose aux templiers de ne se déplacer que par deux, l'un pouvant assister l'autre, ainsi que le surveiller.

Réception d'un novice à l'ordre du Temple

Une nuit d'hiver, Eudes, le fils cadet d'un seigneur normand, n'arrive pas à trouver le sommeil. Le lendemain, en effet, est pour lui un jour inoubliable, le tournant décisif de son existence : il va quitter à jamais le fief de ses ancêtres pour devenir templier.
Lorsque le soleil se lève, il est déjà en selle. Il sait que ce jour représente pour lui le début d'une nouvelle vie. Lorsque la commanderie apparaît en haut d'une colline, il s'arrête un instant, assez ému. En franchissant les douves, il comprend que ce rempart d'eau ne protège pas seulement les templiers des intrus, mais que, plus symboliquement, il les isole du monde vulgaire.
Avant d'être présenté devant l'assemblée des templiers de la commanderie, réunie dans la chapelle sous la présidence du commandeur, Eudes rencontre dans une salle voisine trois frères du Temple, choisis parmi les plus anciens de la maison, afin de répondre à un premier interrogatoire, où on lui demande les raisons de sa démarche et où l'on lui expose toutes les contraintes de l'ordre. Les trois frères vont

ensuite rendre compte de leur mission à l'assemblée (chapitre) qui, après une brève discussion, fait appeler Eudes. Lorsque celui-ci pénètre dans la chapelle, il ne voit rien d'autre, dans la pénombre de l'édifice mal éclairé, que des silhouettes blanches et immobiles, la croix pattée cousue sur l'épaule droite ou la poitrine, image impressionnante qui le trouble un instant, d'autant qu'il sent peser sur lui le poids de tous leurs regards, comme si ces étranges moines-soldats cherchaient à percer l'âme du nouvel arrivant.

C'est d'un pas mal assuré qu'Eudes va s'agenouiller devant le commandeur. Là, il joint les mains et récite des paroles apprises par cœur : « Sire, je vous demande de m'accueillir en votre compagnie afin que je devienne tous les jours de ma vie serf et esclave de votre maison. » Le commandeur met en garde le nouveau venu : « Beau frère, vous demandez là une grande chose, car de notre ordre vous ne voyez que l'écorce, nos chevaux bien harnachés, nos belles robes... Mais vous ne voyez pas l'intérieur et la rigueur de notre règlement. Car désormais, vous qui êtes encore un homme libre, vous ne ferez plus jamais ce que vous voudrez : si vous désirez aller à Jérusalem, on vous enverra à Antioche. Et quand vous souhaiterez dormir, on vous demandera de veiller. Examinez bien, doux frère, si vous pourrez supporter toutes ces contraintes. Vous ne devez pas entrer dans l'ordre pour la richesse et les honneurs mais pour servir Notre Seigneur, pour être pauvre et faire pénitence [18]. »

Après ce sermon, Eudes est invité à aller réfléchir une dernière fois pendant que l'assemblée prend sa décision. Le jeune homme semble si résolu que les frères n'hésitent pas à l'accepter parmi eux. À nouveau agenouillé face au chœur, Eudes reçoit dans les mains le livre des Évangiles, et là, devant les Saintes Écritures, le commandeur lui pose les ultimes questions : « Avez-vous femme ou fiancée ? Avez-vous déjà prononcé des vœux dans un autre ordre religieux ? » À ces questions, Eudes a répondu non sans hésiter. Le commandeur ne lui demande que pour la forme s'il est fils de dame et de chevalier, car il connaît personnellement sa famille. « Puis, raconte Bernard Briais, on lui fait promettre d'obéir à ses supérieurs, de vivre chastement, de ne rien posséder, de respecter scrupuleusement la règle de l'ordre, de se battre pour conquérir ou garder les lieux saints ou toute autre terre chrétienne [19]... »

Eudes a juré et va enfin pouvoir recevoir l'habit du Temple.

18. Cité par Bernard Briais, *op. cit.*
19. Idem.

« De par Dieu et Notre-Dame, de par saint Pierre et Notre Saint-Père le pape, ainsi que de par tous les frères du Temple, nous vous accueillons, vous Eudes, dans notre Maison. Nous ne pouvons vous promettre que pain et eau, que peine et labeur. » Tous les templiers présents se sont levés. Le commandeur a pris le blanc manteau à la croix vermeille. Il le pose sur les épaules d'Eudes et lui attache le cordon autour du cou. Le frère chapelain lit un psaume et l'oraison du Saint-Esprit, et chaque frère récite une patenôtre. Puis le maître de la cérémonie fait lever le nouveau templier et lui donne le baiser de paix et de fraternité. Il fait asseoir devant lui le nouvel admis pour lui énumérer de nouvelles mises en garde, qui, s'il ne les observe pas, pourraient lui faire perdre « la maison et l'habit » :

« Écoutez, beau frère, vous les apprendrez et les garderez, s'il plaît à Dieu, et vous devez les demander aux frères. Ne jamais battre un chrétien. Ni toucher avec colère ni courroux ni avec le poing, ni avec la paume, ni avec le pied, ni tirer par les cheveux, ni mal dire. S'il le bat avec une pierre, un bâton, ou avec une arme émoussée, au risque de le tuer, ou de blesser, ses frères templiers jugeront de l'opportunité de le garder parmi eux.

« Ne jamais jurer ni de Dieu, ni de Notre-Dame, ni de saint, ni de sainte. Ne jamais prendre de service d'une femme, sauf pour soigner ses blessures. Ne jamais embrasser une femme, même s'il s'agit de sa mère, de sa sœur ou d'une parente. Ne jamais traiter un homme de misérable, puant, traître, ou autres vilaines paroles [20]. »

Viennent ensuite des recommandations sur la vie quotidienne du templier, véritable règlement intérieur :

« Il devra dormir en chemise et en braie et en chausse de drap et ceint d'une petite ceinture. Avoir en son lit trois draps, à savoir un sac pour mettre la paille et deux linceuls. Sa robe lui sera fournie par le drapier ; il n'a pas le droit d'en acheter une autre. Il devra se rendre au réfectoire à tous les appels de la cloche, et attendre, avant de trancher son pain et manger, que les prêtres et les clercs aient fait la bénédiction. S'il n'y a pas de prêtre, il doit dire une patenôtre en paix, puis manger son pain en paix et en silence. Il ne pourra rien demander sauf du pain et de l'eau, car on ne vous promet autre chose. S'il a à manger chair du poisson et qu'elle soit crue, ou mauvaise ou passée, il pourra demander à la changer, si c'est possible de le faire.

20. Cité par Pierre Ripert, *op. cit.*

« Après les repas, il ira au moutier après les prêtres rendre grâce à Notre Seigneur en silence, et ne pourra parler tant qu'il n'aura dit une patenôtre, et les prêtres les grâces. Enfin il pourra aller à son service [21]. »
Suit l'énumération des offices (nonnes, avec quatorze patenôtres, sept pour Notre-Dame et sept pour le jour ; vêpres, avec dix-huit patenôtres, neuf pour Notre-Dame et neuf pour le jour).
Le maître de la cérémonie achève son discours d'accueil par ces derniers mots :
« Si nous ne vous avons pas tout dit que vous voudriez savoir, vous le demanderez. Et Dieu vous laisse bien dire et bien faire. Amen [22]. »
Le nouveau templier n'appartient plus au monde, mais au Temple, et ne doit obéir qu'à la Règle du Temple.

21. Idem.
22. Idem.

Religieux et chevaliers

La vie religieuse

Si la fonction militaire prime en Terre sainte et en Espagne, en France et ailleurs en Occident, c'est la vie religieuse qui attire l'attention de la vie templière. C'est dans la chapelle que se déroulent les cérémonies d'admission au Temple. C'est également là que, plusieurs fois dans la journée, le templier participe à l'office et va prier.

« Viollet-le-Duc, écrit Alain Demurger, est à l'origine d'un mythe sans aucun fondement, ne serait-ce que statistique : les templiers auraient construit des églises à plan centré sur le modèle des édifices hiérosolymitains du *Templum Domini* et du Saint-Sépulcre. Élie Lambert d'abord, les recherches des quarante dernières années ensuite, ont ruiné ce mythe. Les églises à plan centré existent bien, mais elles sont en nombre très réduit et ne sont pas l'apanage des templiers. Ces églises "rondes" sont de deux types : rotonde circulaire ou polygone [1]. »

On compte bien quelques églises templières circulaires ou polygones en Angleterre, mais seule la magnifique rotonde de New Temple à Londres est encore debout. Les autres ne sont connues que par des documents, comme Holborn et Old Temple, également à Londres, Asleckby, Garway, Douvres, Temple Bruer et Bristol. Les édifices les plus spectaculaires se trouvent en Espagne, comme les églises de Tomar et de la Vera Cruz de Ségovie. La chapelle du château de Tomar présente un noyau central de

1. Alain Demurger, *Les templiers, une chevalerie chrétienne au Moyen Âge*, Éditions du Seuil, 2005.

forme octogonale. La chapelle du Château-Pèlerin en Terre sainte est un décagone. L'octogone est plus fréquent, mais un seul exemple est avec certitude templier, celui de la chapelle de Laon. La chapelle templière de Prague révèle une rotonde à demi inscrite dans une nef, dont les murs convergent à l'autre extrémité.
La plupart des églises et chapelles templières sont des édifices rectangulaires de quinze à vingt mètres de long sur six à neuf mètres de large, dont la nef est unique et voûtée en berceau. Des arcs-bouteaux délimitent des travées, trois le plus souvent. Un chevet plat ou en abside termine l'édifice. Des contreforts plats soutiennent les poussées sur les murs de la nef. Mis à part quelques variantes, les exemples ne manquent pas, comme Magrigne en Bordelais, Barbère, Gandessa et Gardeny en Catalogne, Xugney dans les Vosges. Sur dix chapelles templières identifiées dans le sud-ouest de la France, trois ont un chevet en abside, six un chevet plat. Le décor, sculpté et peint, de ces chapelles et églises reste le plus souvent rudimentaire. Les fresques de l'église templière de San Brevignate, à Pérouse en Italie, illustrent un combat de templiers vêtus de la cotte de mailles, casqués, portant étendard et écu blasonné.
La vie conventuelle et les pratiques religieuses sont fidèles en partie à l'ascèse monastique traditionnelle. Si les repas peuvent être plus riches que les ordres purement contemplatifs, du fait de la présence de la viande trois fois par semaine, ils sont pris le plus souvent en silence. Les templiers mangent à deux dans la même écuelle.
Le service de Dieu occupe une place importante de la vie des frères du Temple. La journée du templier est rythmée par la récitation des heures et la célébration de la messe. Après matines (vers minuit) se succèdent prime (six heures), tierce (neuf heures), sexte (midi), none (quinze heures), vêpres (dix-sept heures) et, enfin, complies au moment du coucher. La messe quotidienne est célébrée après prime.
Comme tout ordre religieux, les templiers pratiquent l'aumône et l'hospitalité en faveur des plus démunis. Ils distribuent trois fois par semaine les restes de leurs repas. Ils accueillent les gens de passage, riches ou pauvres.
La spiritualité templière repose sur la dévotion à la croix, observée chaque vendredi saint. La Vierge Marie est la patronne de l'ordre et se trouve au cœur de la spiritualité templière. Nombre d'églises et de chapelles de l'ordre se trouvent placées sous son patronage, et la moitié des prières lui sont adressées. Les templiers sont cités au sujet des miracles de la Vierge de Saydnaya, une église grecque

située à trente kilomètres de Damas, où une icône miraculeuse émet un liquide qui guérit diverses maladies et infirmités. Le templier Gautier de Marangiers recueille un peu du précieux liquide pour l'apporter à Jérusalem.

« Dans la liste des jeûnes et des fêtes, écrit Alain Demurger, les saints sont naturellement présents : les Apôtres, Marie-Madeleine, saint Étienne, saint Jean-Baptiste, saint Laurent, saint Martin, sainte Catherine, saint Nicolas et les deux saints militaires que sont saint Georges et saint Michel. S'y ajoutent les saints patrons du lieu où sont établies les maisons templières et des saints locaux adoptés par les templiers : San Brevignate à Pérouse, qui fait de l'ombre à saint Jérôme, pourtant patron de l'église ; Sainte-Eulalie en Languedoc et Catalogne, ou ce San Varo, soldat romain martyrisé en Égypte sous Maximilien, qui fut inhumé en Palestine près du mont Thabor ; ses reliques passèrent en Piémont et furent déposées dans l'église de Casale Monferrato par les templiers de la maison de Santa Maria del Tempio toute proche.

« Culte des saints et culte des reliques sont étroitement associés. Les templiers ont été possesseurs et convoyeurs de reliques [...]. Des morceaux de la vraie croix (il y en avait à Constantinople comme à Jérusalem) ont été apportés à Clairvaux, par Artaud, un templier qui quitta son ordre pour entrer à Cîteaux [...]. En 1247, le patriarche de Jérusalem confie à un templier le soin d'apporter au roi d'Angleterre, Henri III, l'ampoule contenant le saint sang. Le 15 mai 1272, le maître du Temple Thomas Bérard et d'autres envoient en Occident du bois de la vivifiante croix du seigneur, des reliques de saint Philippe, sainte Hélène, saint Étienne, de la table du Seigneur, de saint Laurent, du sépulcre du Seigneur, de sainte Euphémie et de sainte Barbe [...]. Les templiers sont possesseurs de reliques. Depuis 1138, ils conservent dans leur maison de Rome la veste de saint Bernard ! Ils possèdent des fragments de la vraie croix répartis un peu partout en Occident, à Brays (Bretagne), à Limaye (Provence), à Lecce ou Particano (Ombrie), en Italie. Ils ont aussi un fragment de la couronne d'épines [2]. »

On compte quelques évêques templiers : Richard, évêque de Lavello (vers 1220), Humbert, à Banyas, Guillaume de Saint-Jean, nommé en 1288 archevêque de Nazareth. Uguccione da Vercelli fut chanoine du chapitre de Bruges avant de faire carrière comme cubiculaire du pape. Il devint également maître de la province de Lombardie.

2. Alain Demurger, *op. cit.*

LA VIE MILITAIRE

Lors d'opérations militaires, la cotte de mailles couvre le templier de la tête aux pieds. Un bliaud de tissu recouvre l'armure et le protège de l'ardeur du soleil. Le heaume ou casque est cylindrique ou rond, un nasal protège le nez et des plaques articulées le cou. Un bouclier triangulaire renforce la protection.

Le chevalier du Temple charge avec une lance de bois dont la pointe est de métal. Il dispose également d'une épée si sa lance est brisée ou s'il se trouve à terre.

Au combat, les cavaliers se regroupent derrière leur chef et forment de petites unités homogènes. Dirigés par leurs commandeurs de maison, les templiers s'organisent en échelles ou escadrons d'après la hiérarchie de l'ordre : échelles de chevaliers sous les ordres des commandeurs, échelles de sergents d'armes, échelles d'écuyers. Cette cavalerie lourde peut mener une charge dévastatrice, face à une armée turque qui utilise une cavalerie légère, faiblement protégée. Au contact des uns et des autres, chevaliers occidentaux et guerriers turcs apprennent peu à peu à se connaître et modifient leurs techniques de combat. Face au harcèlement des archers turcs, les templiers couvrent leur cavalerie par des arbalétriers, des piquiers et autres fantassins. La création d'une cavalerie légère combattant à la turque représente une innovation majeure, avec les turcopoles (auxiliaires locaux), qui appartiennent à l'ordre du Temple.

Entre deux camps ou deux forteresses, les templiers se déplacent d'une façon organisée. Les tentes démontées et le paquetage sont chargés sur les animaux de bât. Les frères montent en selle sur des chevaux ordinaires ou des mules, précédés d'écuyers qui portent les armes et les boucliers des chevaliers, tandis que, derrière eux, d'autres écuyers mènent les chevaux de combat. En temps de guerre, le gonfanonier reste en tête de la route et fait porter le gonfanon à un écuyer. En temps de paix, le gonfanon est confié à un turcopole. Les fantassins, les archers, les arbalétriers et les turcopoles peuvent parfois couvrir les flancs et les arrières des chevaliers. Lorsque vient l'heure du combat frontal, les chevaliers montent les destriers de combat. Les écuyers les suivent derrière, pour les épauler si nécessaire ou s'occuper des mules et des chevaux ordinaires.

« Il peut y avoir plusieurs charges, écrit Alain Demurger, donc plusieurs lignes de cavaliers, chevaliers d'abord, sergents d'armes ensuite. Pour délivrer la charge de cavalerie avec succès, il faut amener l'adversaire à la subir, sur un terrain large et découvert, ou le surprendre. Sinon, on risque de charger dans le vide. Or la tactique des armées turques est de refuser cet affrontement, de harceler, de lancer flèches et javelots pour tuer ou blesser cavaliers et chevaux. C'est là que le rôle des piétons et des turcopoles est essentiel : ils doivent protéger la cavalerie tant que le moment opportun pour charger n'est pas venu [...]. Les templiers sont aussi chargés d'encadrer ceux qui, sur le champ de bataille, après le combat, vont identifier et récupérer les morts. De même, lorsque l'armée est réunie, il faut la nourrir et surtout trouver du fourrage pour les montures. Les fourrageurs sont parfois obligés de parcourir beaucoup de terrain, en milieu hostile ; souvent les frères des ordres militaires assurent leur protection. Ils participent aussi à des raids dont l'objectif est de ravager une région et de razzier ses habitants [3]. »

La guerre des templiers en Terre sainte

Après avoir assuré avec succès la protection des pèlerins en Terre sainte, le Temple s'engage massivement dans la défense des États chrétiens, dès la deuxième croisade (1147-1148), devant la menace que fait peser le chef Nur al-Din, qui prône le jihad (la guerre sainte), contre les Occidentaux, avec pour objectif de réaliser l'unité du monde musulman. Jusqu'à cette période, l'Orient musulman restait très divisé ; au nord, la Syrie étant partagée entre trois émirs, au sud, l'Égypte fatimide contrôle la place forte d'Ascalon, menace permanente sur le royaume de Jérusalem.

Débarquant à Antioche, en avril 1148, le roi de France Louis VII refuse d'attaquer la cité d'Alep, aux mains de Nur al-Din. À la tête d'une troupe fortement affaiblie, suite à la difficile traversée de l'Asie Mineure, Louis VII gagne Jérusalem pour se rendre sur le tombeau du Christ et éloigner son épouse, la volage Aliénor d'Aquitaine, du prince d'Antioche... L'émir de Damas, Unur, bien qu'allié des chrétiens, se trouve menacé par le jeune roi de Jérusalem, Baudouin III, soutenu par Louis VII, qui a promis la cité au comte de Flandre, Philippe d'Alsace. En conflit avec sa mère, la reine Mélisende, Baudouin III désire une grande victoire qui lui permettra d'affirmer son autorité, largement contestée. Or, le maître du Temple, Robert de Craon, soutient son initiative, contre l'avis du sénéchal, André de Montbard, qui prend la défense de la reine.

3. Idem.

Au mois de juillet 1148, templiers, hospitaliers et chevaliers franco-allemands attaquent Damas. Au nom de la solidarité musulmane, Nur al-Din apporte son secours à son rival Unur. Fin juillet, les croisés lèvent le siège. Conrad III, empereur d'Allemagne, rembarque en septembre 1148, suivi par Louis VII au printemps 1149. Les États latins (Terre sainte) se retrouvent seuls, face au puissant Nur al-Din, dont la menace se fait de plus en plus forte, lorsqu'il s'empare de la majeure partie de la principauté d'Antioche, au printemps 1149, suite à diverses victoires sur Raymond de Poitiers.
Suite à la mort du maître du temple Robert de Craon, en janvier 1149, Évrard des Barres lui succède, mais pour peu de temps. Il ne reste que trois années en Terre sainte, préférant résilier sa charge, afin de rejoindre l'ordre des cisterciens, à l'abbaye de Cîteaux.
Le nouveau maître du Temple, Bernard de Trémelay, s'illustre lors du siège d'Ascalon. Voulant effacer l'échec de Damas, Baudouin III attaque Ascalon, place forte menaçante pour le royaume de Jérusalem. « Le 16 août 1153, écrit Patrick Huchet, c'est l'assaut final de la cité aux mains des Égyptiens, à l'issue d'un siège long et pénible : quarante frères du Temple y pénètrent derrière leur maître [4]. » Sans attendre le reste de la troupe, les quarante braves templiers subissent la contre-attaque ennemie, au cours de laquelle Bernard de Trémelay trouve une mort héroïque. Ascalon tombe finalement aux mains des croisés le 22 août 1153 et André de Montbard devient maître du Temple. L'union des chrétiens en Terre sainte s'avère désormais indispensable, face au puissant Nur al-Din, qui s'empare de Damas en 1155. Devenu maître incontesté de la Syrie, il rêve d'imposer l'islam sunnite à tout l'Orient. La défense de la Terre sainte repose sur les ordres militaires, templiers et hospitaliers, qui occupent diverses forteresses.
La Syrie unifiée, les regards se portent vers l'Égypte, où le vizir Shawar cherche à maintenir ses alliances avec le roi de Jérusalem, Amaury Ier (1162-1174) et le maître de la Syrie, Nur al-Din. Ce dernier délègue auprès du vizir ses deux lieutenants de valeur, Saladin et Shirkuh. Si Nur al-Din s'empare de l'Égypte, l'existence des États chrétiens se trouvera fortement compromise.
En 1167, un traité favorable au roi de Jérusalem est réalisé avec le vizir Shawar par Hugues de Césarée et le templier Geoffroy Fourchier. Moyennant un versement de cent mille pièces d'or, l'Égypte devient une sorte de protectorat, aux mains des chrétiens. L'année suivante, sous l'influence de l'empereur de Byzance et du grand maître des hospitaliers,

4. Patrick Huchet, *op. cit.*

Gilbert d'Assailly, le projet d'une conquête totale de l'Égypte se met en place. Craignant, à juste titre, l'intervention de Nur al-Din, au nom de la solidarité musulmane, Bertrand de Blanquefort, maître de l'ordre du Temple, s'oppose à cette initiative. Lorsque les chrétiens assiègent Le Caire, les troupes de Saladin arrivent à la rescousse pour battre les croisés, qui doivent abandonner l'Égypte. En janvier 1169, Saladin entre triomphalement au Caire, prend la place du vizir Shawar, après l'avoir fait assassiner. « En théorie, écrit Patrick Huchet, Saladin agit pour le compte de son oncle, Nur al-Din, mais en réalité, il installe son propre pouvoir, prenant le titre de "Malik" (roi) [5]. »
Suite à la mort de Nur al-Din, le 15 mai 1174, Saladin, désormais maître de l'Égypte, s'empare de Damas et de la plus grande partie de la Syrie, excepté la cité d'Alep et sa région. Il lui faut neuf années pour réaliser l'union de l'Orient musulman. Cette même année 1174, Baudouin IV, bien qu'atteint de la lèpre, succède à son père, Amaury Ier, au trône de roi de Jérusalem. Le jeune roi lépreux tente de s'opposer aux ambitions de Saladin. En 1177, à Montsigard, il remporte une brillante victoire sur les musulmans, à la tête de cinq cents chevaliers, soutenus par quatre-vingts templiers, accourus à marche forcée depuis leur forteresse de Gaza. Ils parviennent à mettre en fuite les trente mille guerriers de Saladin !
L'année 1179 est marquée par la défaite de Margelon. La charge furibonde de la cavalerie templière, ordonnée par leur maître Eudes de Saint-Amand, fait plier dans un premier temps l'armée de Saladin. Mais la cavalerie musulmane contre-attaque ensuite victorieusement.
En 1180, la trêve décidée entre Baudouin IV et Saladin doit permettre aux chrétiens de se renforcer, d'autant que la maladie affaiblit, de jour en jour, le roi de Jérusalem, qui rend finalement l'âme à Dieu en 1185.
D'origine flamande, Gérard de Ridefort, mène une vie d'intrigues en Terre sainte, avant d'entrer dans l'ordre du Temple et d'y accomplir une ascension étonnante : sénéchal en 1183, il devient maître de l'ordre en 1185, suite à la mort du tenant de la charge, Arnaud de Torroja.
Gérard de Ridefort s'active en faveur de Guy de Lusignan pour qu'il devienne roi de Jérusalem, au détriment de Raymond de Tripoli. Le 20 juillet 1186, Guy de Lusignan et son épouse Sibylle (sœur de Baudouin IV) sont couronnés au Saint-Sépulcre.
Le 1er mai 1187, Gérard de Ridefort et ses cent quarante templiers subissent un cuisant revers au Casal Robert. Le maître de l'ordre décide le combat malgré une importante infériorité numérique : cent quarante

5. Idem.

Les chrétiens de Jérusalem défilant devant Saladin après la prise de la Cité Sainte en octobre 1187. © Fonds DVE

chevaliers contre les sept mille guerriers de Saladin. Excepté le maître, tous les templiers sont tués.
Fort d'une armée de soixante mille guerriers, Saladin débute le siège de Tibériade, le 2 juillet 1187, suite à la réconciliation de Raymond III de Tripoli et de Guy de Lusignan, grâce aux pressions des maîtres de l'Hôpital et du Temple. Sous les conseils de Gérard de Ridefort, Guy de Lusignan, roi de Jérusalem, rassemble ses troupes pour défier Saladin. Sous un soleil de plomb, le 3 juillet, la lourde armée chrétienne s'engage dans le désert, harcelée par les archers musulmans. Les templiers protègent l'arrière-garde de l'imposante colonne. Le 4 juillet, l'armée de Saladin encercle celle des chrétiens qui tente de se réfugier sur les hauteurs de Hattin. Guy de Lusignan et ses quinze mille hommes doivent finalement capituler. Saladin fait exécuter tous les templiers capturés, à l'exception de Gérard de Ridefort. L'armée chrétienne, ayant perdu ses meilleures troupes à Hattin, Saladin peut conquérir de nombreuses cités et places fortes, pratiquement dépourvues de défenseurs. Il s'empare de Saint-Jean-d'Acre le 9 juillet 1187. Jérusalem tombe le 2 octobre 1187.
Chaque habitant peut être racheté : dix besants d'or par homme, cinq par femmes. Le Saint-Sépulcre est fermé, le Temple de Salomon redevient la mosquée Al-Aqsa. Refugiés à Tyr, les soldats chrétiens résistent héroïquement, forcent Saladin à lever le siège. Celui-ci décide de libérer Guy de Lusignan et Gérard de Ridefort, afin de réveiller les rivalités au sein des chrétiens.
« À la suite des victoires de Saladin, écrit Patrick Huchet, les royaumes latins se réduisent à une étroite bande littorale. Les puissantes cités d'Antioche et de Tripoli sont isolées, le royaume de Jérusalem se résume tout entier en la place forte de Tyr. Et pourtant, les apparences de souveraineté se maintiennent : des querelles de succession très vives se font jour, accentuant la désunion dans le camp chrétien, qui aurait bien besoin pourtant de son unité, face à l'adversaire musulman [6]. »
Les templiers tentent de réconcilier les différentes parties en présence. Les querelles de succession restent cependant incessantes, aussi bien dans la principauté d'Antioche, que dans le royaume de Jérusalem. Conrad de Montferrat, le glorieux défenseur de Tyr, conteste vigoureusement la légitimité de Guy de Lusignan, roi de Jérusalem, en le rendant responsable de la défaite d'Hattin. Les ordres militaires prennent parti. Le Temple assure sa fidélité à Guy de Lusignan, alors que l'Hôpital prend

6. Idem.

Richard Cœur de Lion, trouvant que Saladin ne remplissait pas assez vite les conditions de la capitulation, fait décapiter les prisonniers musulmans restés entre ses mains en août 1191.
© Fonds DVE

Reliquaire de la Vraie Croix, dite croix byzantine, du trésor de la cathédrale Notre-Dame, Tournai, Belgique. Croix de bénédiction en usage dans l'église d'Orient, ramenée lors de la quatrième croisade par le chevalier Jean Bliauc. Art du XIII*e siècle, ateliers de Sambre et de Meuse.*

Richard Ier, Cœur de Lion, roi d'Angleterre en 1189 (1157-1199), représenté Croisé, par Joseph Blondel Merry (1781-1853). Châteaux de Versailles et de Trianon.

Saint Louis, Retable du Parlement de Paris, par Philippe Mazeroues 1452.

Le pape Clément V et Philippe IV le Bel, roi de France, décident d'éliminer les Templiers, 1307. Gravure du XIX*e siècle.*

Bataille de la première croisade (1096-1099) (croisade populaire guidée par Pierre l'Ermite en 1096). Détail de Histoires d'Outremer. *Manuscrit de 1490.*

Le pape Urbain II (1035-1099) prêchant la première croisade face à une assemblée de chevaliers, de nobles et de cardinaux lors du Concile de Clermont en 1095. Tiré de l'ouvrage Le Passage fait outremer par le Français contre les Turcs et autres Sarrasins et Maures outremarins *par Sébastien Mamerot, vers 1490.*

Décorations de différents ordres religieux (St-Come, Teutonique, Templiers, Mont-Joie...). La croix templière pattée se distingue par ses huit pointes arrondies. Tiré de Le costume ancien et moderne *par Ferrario, édité à Milan, 1819-1920.*

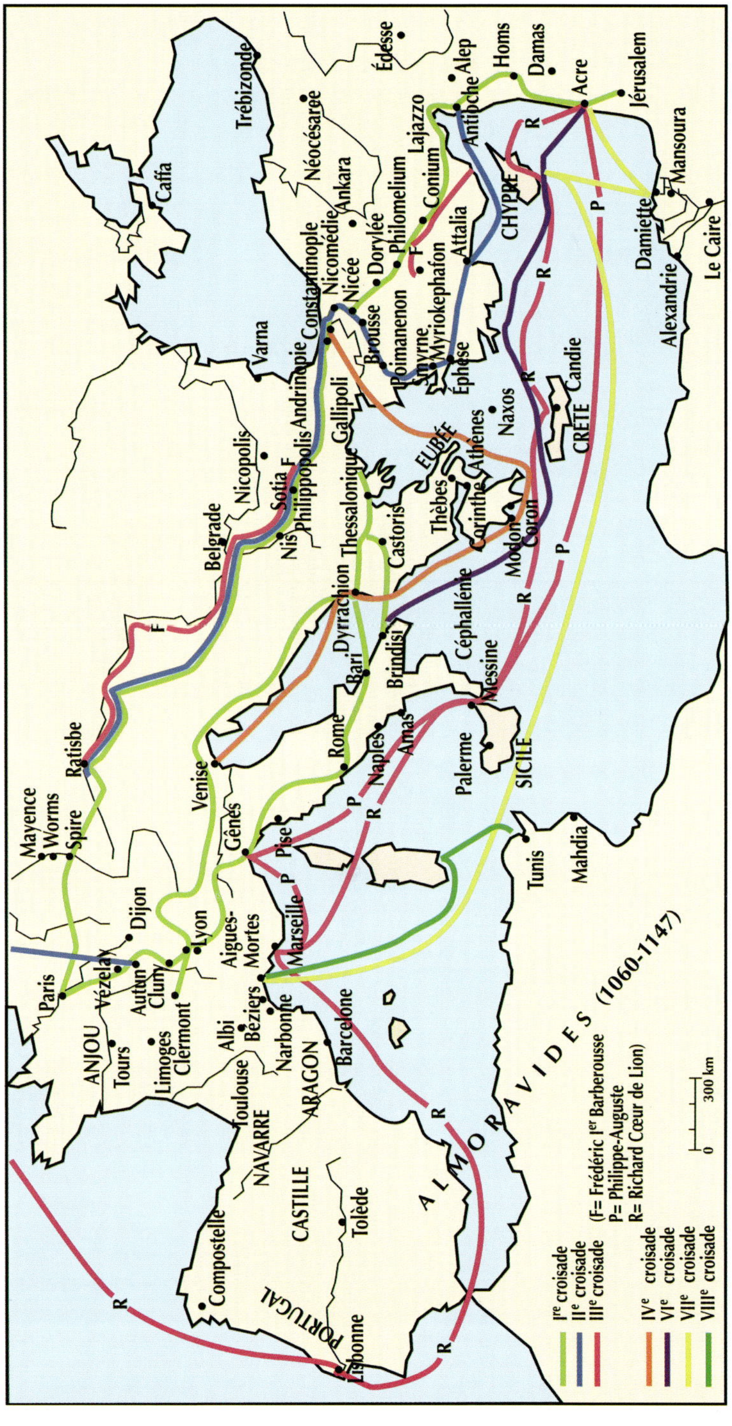

Les itinéraires des croisades : les huit croisades, de Pierre l'Ermite (1096) à Saint-Louis (1270), s'étendent sur près de deux siècles de notre histoire.

la défense de Conrad de Montferrat. Les ordres s'opposent de plus en plus, alors qu'ils devraient s'unir face à l'ennemi commun, en la personne de Saladin.
Afin de « redorer son blason » et de faire oublier Hattin, Guy de Lusignan met le siège devant Acre, lors de l'été 1189. Les divisions chez les chrétiens font que le siège va durer deux longues années. La querelle dynastique n'est finalement réglée qu'en 1192. Guy de Lusignan se voit attribuer l'île de Chypre, conquise par le roi d'Angleterre, Richard Cœur de Lion. Conrad de Montferrat obtient le trône de Jérusalem, avant d'être assassiné cette même année 1192… Templiers et hospitaliers interviennent dans la désignation du successeur, en donnant leur accord au remariage d'Isabelle, veuve de Conrad, avec Henri de Champagne. À la mort de ce dernier, en 1197, les ordres s'opposent aux prétentions de Raoul de Tibériade et, sur leurs conseils, Isabelle épouse Amaury de Lusignan, frère de Guy.
Une nouvelle crise de succession se fait jour à la mort du dernier roi de Jérusalem, Conradin, en 1268. Charles Ier d'Anjou, frère du roi de France Louis IX, achète les droits de la couronne à Marie d'Antioche, en 1277. Il peut compter sur le soutien de Guillaume de Beaujeu, maître du Temple depuis son élection en 1273, face aux autres prétendants, les Lusignan de Chypre.
« Que de vaines querelles, écrit Patrick Huchet, que d'acharnement pour un titre devenu totalement honorifique, depuis la prise de la Ville sainte, le 23 août 1244, par les Turcs, pour le compte du sultan du Caire [7] ! »
En dehors de ces sombres querelles de pouvoir, les templiers participent activement aux combats livrés en Terre sainte au XIIIe siècle. Gérard de Ridefort, maître du Temple, trouve la mort au siège de Saint-Jean-d'Acre, le 4 octobre 1189. La troisième croisade, qui se veut une réponse chrétienne à l'offensive de Saladin, est lancée, suite aux appels du pape, par le roi de France, Philippe Auguste, et Richard Cœur de Lion, roi d'Angleterre. Leurs troupes accourent à l'aide des chrétiens, bloqués au pied de Saint-Jean-d'Acre, qui tombe finalement le 12 juillet 1191. Philippe Auguste regagne ensuite la France, laissant Richard Cœur de Lion seul face à Saladin. Robert de Sablé, l'un des vassaux du roi d'Angleterre, devient maître du Temple au début de l'année 1191. Les templiers, formant l'élite de l'armée chrétienne, permettent à Richard Cœur de Lion d'infliger deux défaites à Saladin, à Arsuf, le 14 septembre 1191, et à Jaffa, en août 1192.
Ne pouvant s'éloigner de la mer et des villes côtières, par manque de ravitaillement, le roi d'Angleterre hésite à attaquer Jérusalem, alors qu'il

7. Idem.

ne se trouve plus qu'à une vingtaine de kilomètres de la Ville sainte. La sagesse l'emporte sur l'imprudence. Le 2 septembre 1192, il conclut avec Saladin une trêve de trois ans, qui assure aux chrétiens la liberté de pèlerinage à Jésuralem et concède une bande côtière de Tyr à Jaffa.
Sous la bénéfique conduite de leurs maîtres, Robert de Sablé (1191-1193), Gilbert Érail (1194-1200), Philippe de Plessis (1201-1209) et Guillaume de Chartres (1210-1219), les templiers fortifient leurs positions à Saint-Jean-d'Acre et Césarée. À partir de 1217, ils commencent la construction de la puissante forteresse de Château-Pèlerin.
En 1217, le pape Honorius III proclame la cinquième croisade, qui est menée par Jean de Brienne, roi de Jérusalem, et André II de Hongrie. Les croisés envisagent de couper l'Égypte de la Palestine, espérant ainsi forcer le sultan d'Égypte à échanger Jérusalem, contre Damiette, cité devant laquelle la flotte des croisés débarque en mai 1218. Le siège s'avère difficile, d'autant plus que la mésentente règne dans les armées occidentales, qui reçoivent heureusement le soutien des templiers, sous la conduite de leur maître, Guillaume de Chartres. La ville n'est prise qu'en novembre 1219, marquée par la mort de Guillaume de Chartres lors des combats. Le légat du pape, le cardinal Pelage, ne parvient pas à s'entendre avec le roi de Jérusalem, Jean de Brienne, qui désire négocier avec le sultan d'Égypte. Le légat, qui se considère comme l'unique chef de cette expédition, aspire à la victoire totale. L'armée chrétienne reste ainsi inactive durant un an et demi et ne prend la direction du Caire qu'en juillet 1221. Elle est bientôt encerclée par celle du sultan d'Égypte, qui impose ses conditions à Jean de Brienne, en août 1221 : « Les croisés sont autorisés à se retirer de l'Égypte, après avoir restitué Damiette [8] », écrit Patrick Huchet.
En 1228, la sixième croisade est dirigée par l'empereur d'Allemagne, Frédéric II de Hohenstaufen, dans des conditions étranges. Il a épousé, en 1223, Isabelle, fille du roi de Jérusalem, Jean de Brienne. Elle meurt trois ans après avoir mis au monde un fils, Conrad, qui devient l'héritier légitime de la couronne. Or, Frédéric II accapare les droits de son fils et se fait excommunier par le pape. Se moquant des considérations de l'Église romaine, il débarque à Saint-Jean-d'Acre, à la tête d'une puissante armée, à la fin de l'année 1228, et négocie rapidement avec le sultan d'Égypte Al-Kamil. Par le traité de Jaffa, le 11 février 1229, Frédéric II obtient la restitution de Bethléem, Nazareth et surtout de Jérusalem, à condition de laisser aux musulmans leurs mosquées,

8. Idem.

Richard Cœur de Lion quittant la Palestine, ne pouvant faire face aux armées de Saladin : « Très Sainte-Terre, je te recommande aux soins du Tout-Puissant ». © Fonds DVE

Les deux croisades entreprises par Saint Louis ont été des désastres militaires : il s'éteint en août 1270.

Omar et Al-Aqsa. Furieux d'être mis l'écart des négociations, les templiers jugent Jérusalem indéfendable et s'offusquent de constater que la maison du Temple, devenue la mosquée Al-Aqsa, reste entre les mains des musulmans. D'autre part, Frédéric II favorise largement un nouvel ordre militaire, entièrement à sa dévotion, les chevaliers teutoniques, au détriment des templiers. Hospitaliers et templiers s'unissent pour mieux marquer leur opposition, en s'abstenant notamment de paraître au couronnement de Frédéric II, au Saint-Sépulcre, le 8 mars 1229. Le nouveau roi de Jérusalem se venge de cet affront en s'emparant de la forteresse templière de Château-Pèlerin. Les chevaliers du Temple parviennent cependant à l'en chasser, peu après, sans difficulté. Frédéric II attaque alors le château templier de Saint-Jean-d'Acre, qu'il doit également évacuer rapidement, devant la réaction hostile des habitants, acquis à la cause de l'ordre du Temple.

La septième croisade a pour origine la perte de Jérusalem, le 23 août 1224, malgré l'héroïque résistance des templiers, qui perdent trois cent douze des leurs sur trois cent quarante-huit frères engagés ! Les Turcs, vainqueurs, agissent pour le compte du sultan d'Égypte. Le 27 octobre 1224, une armée chrétienne est de nouveau défaite près de Gaza, où les templiers payent encore un lourd tribut, avec trois cent treize chevaliers tués, dont leur maître, Armand de Périgord. Face à ses revers successifs, le roi de France Louis IX, futur Saint Louis, décide de s'engager. Lors de l'été 1245, au concile de Lyon, le pape Innocent IV appelle à la « guerre sainte ». Après avoir fait escale à Chypre, durant l'hiver 1248-1249, la flotte occidentale appareille le 30 mai 1249 et débarque à Damiette le 6 juin, provoquant la fuite des Sarrasins. Louis IX ne profite pas de cette victoire pour foncer sur Le Caire. Bien plus grave, Robert d'Artois, frère du roi de France, attaque la forteresse de Mansourah, difficile d'accès dans le delta du Nil. Les templiers se sacrifient de nouveau, en repoussant de nombreuses fois les assauts furibonds des Turcs. Malgré l'héroïsme déployé par les chevaliers du Temple, dont le maréchal Renaud de Vichiers, l'expédition court au

Débarquement des croisés menés par Saint Louis en terre sainte lors de la septième croisade.

La mort de Saint Louis des suites du typhus dans la nuit du 24 au 25 août 1270 lors de la huitième croisade. © Fonds DVE

désastre : le maître des templiers, Guillaume de Sonnac, est tué lors des combats, ainsi que Robert d'Artois, frère du roi de France. Le typhus et la dysenterie déciment également les rangs des croisés. Saint Louis doit finalement battre en retraite sur la cité de Damiette, encerclée peu après par les Turcs. Le 6 avril 1250, le jeune roi de France capitule. Pour obtenir sa libération, les chrétiens doivent livrer une somme énorme au sultan d'Égypte, qui exige une rançon équivalant à cinq cent mille livres, ainsi que la livraison des forteresses templières et hospitalières. Saint Louis est finalement libéré après règlement de la rançon, dont une partie provient des caisses du Temple.
De 1250 à 1254, Saint Louis tente d'unir les forces restantes de la chrétienté en Terre sainte, par la réorganisation de la défense du royaume d'Acre, ainsi qu'en imposant l'autorité royalc facc aux volontés d'indépendance des templiers. Le nouveau maître, Renaud de Vichiers, délègue à Damas le maréchal Hugues de Jouy, afin de passer un accord avec le sultan. Saint Louis, furieux de cette initiative, exige une sanction exemplaire. Le maître et les chevaliers du Temple, qui se sont pourtant si durement sacrifiés en Terre sainte, doivent s'agenouiller devant le roi de France pour entendre la sentence : l'annulation de l'accord passé avec le sultan et l'exil forcé pour le maréchal Hugues de Jouy.
En quittant la Terre sainte en avril 1254, Saint Louis laisse les chrétiens plus affaiblis que jamais, d'autant que leurs éternelles querelles de chapelle reprennent de plus belle dès le départ du roi de France… ce dont profite le sultan d'Égypte Baïbars : « De 1265 à 1271, écrit Patrick Huchet, le sultan Baïbars entreprend la conquête des cités encore aux mains des Francs, ainsi que les forteresses templières ou hospitalières. Le 27 février 1265, il prend Césarée ; le 22 juillet 1266, c'est le château fort templier de Safed qui tombe, avant que celui de Beaufort ne connaisse le même sort, le 15 avril 1268. Entre-temps, Jaffa a été prise le 7 mars 1268 [9]. »
En 1271, le sultan s'empare du formidable krak des Chevaliers, défendu par une faible garnison hospitalière. L'ultime offensive est engagée par ses successeurs, Qalâwun, qui conquiert Tripoli en mai 1289, et Al-Ashraf, qui encercle en avril 1291 Saint-Jean-d'Acre, héroïquement défendue par les templiers et les hospitaliers, tardivement réconciliés. Leurs maîtres, Guillaume de Beaujeu pour les templiers, Jean de Villiers pour les hospitaliers, donnent l'exemple par leur immense courage. Le maître du Temple est gravement blessé, lors d'une contre-attaque, le 17 mai 1291, et décède le lendemain. Les templiers défendent farouchement leur maison chêvetaine, jusqu'à ce que les tours s'écroulent,

9. Idem.

ensevelissant assaillants et défenseurs. Saint-Jean-d'Acre tombe le 28 mai. Les derniers templiers se réfugient à Château-Pèlerin, qu'ils doivent finalement évacuer, le 12 août 1291, pour rejoindre Chypre. L'ordre du Temple n'existe plus en Terre sainte.

Sur les autres fronts de la chrétienté

En Espagne, les templiers participent à la Reconquista, à savoir la reconquête d'une partie de la péninsule Ibérique se trouvant toujours aux mains des musulmans. En 1148, lors du siège de Tortosa, ville située sur l'Èbre et occupée par les musulmans depuis 715, les templiers luttent aux côtés des troupes espagnoles, génoises, anglaises, normandes et scandinaves. Tortosa capitule le 30 décembre 1148. Dans la foulée, les templiers se distinguent lors de la prise de Lérida en 1149, puis lors du siège de Miravet en 1152. Cette participation de l'ordre du Temple permet l'obtention de divers domaines en Espagne. Il reçoit notamment d'importantes dotations vers Badajoz, à la frontière portugaise, ainsi que dans le royaume de Murcie, à l'opposé.
Des templiers sont présents à la bataille de Las Navas de Tolosa en 1212, combat qui bloque définitivement les musulmans et ouvre l'Andalousie aux Castillans. Ils prennent part à la conquête de Majorque en 1229-1230, à celle de Valence en 1238. Hugues de Montlaur, un templier de Puy-en-Velay, futur maître de Provence, y est mentionné. On relève également la présence militaire des templiers dans la conquête de l'Andalousie ou dans les campagnes menées contre le royaume de Grenade. En 1292, ils fournissent des contingents à l'armée royale de Castille qui attaque Tarifa.
Au Portugal, les templiers reçoivent des châteaux, suite à leur engagement militaire à Sour en 1144. Ils prennent part à la prise de Santarém et de Lisbonne, en 1147. Gualdem Pais, maître de province, obtient le territoire de Tomar, sur lequel il fait construire un château (1160) et une ville, qui deviendront le chef-lieu de la province templière. Les templiers sont présents à la conquête d'Alcacer do Sol en 1217.
« À la différence de ce qui s'est passé en Orient, écrit Alain Demurger, où le poids militaire des ordres a été croissant, on ne relève rien de tel dans la péninsule Ibérique. Les forces utilisées par le Temple sont de recrutement purement autochtone ; elles sont le plus souvent intégrées aux armées royales et ne disposent pas d'une grande autonomie. Aux yeux des princes, les templiers sont précieux non pas par

leur nombre, minime au sein de leurs armées, mais par leur discipline et leur capacité à se mobiliser rapidement : ils arrivent les premiers, prêts à combattre ; ils constituent, avec l'hôtel du roi, le noyau sûr de l'armée aragonaise [10]. »

Les châteaux templiers, plus nombreux dans la péninsule Ibérique qu'en Orient, s'élèvent à une trentaine en Catalogne, treize en Aragon, six dans le royaume de Valence, une trentaine en Castille-León, un à Majorque, une dizaine au Portugal ; soit moins d'une centaine au total. Le chiffre bas, cité par l'historien Alain Demurger, ne dépasse pas soixante-dix châteaux.

Au XIIIe siècle, les hospitaliers et les templiers ont reçu quelques dons dans les régions reculées de la Prusse et de la Lituanie, où les chrétiens combattent diverses populations païennes. Mais c'est surtout l'ordre teutonique qui fait de ces régions sa chasse gardée, transformant la Prusse en un véritable État théocratique. On trouve cependant des maisons templières en Allemagne, Pologne, Bohême, Hongrie et Croatie, grâce aux donations de princes et de nobles. On trouve également de puissantes forteresses templières à Vrana en Croatie, à Templestejn en Moravie, à Lukow en Pologne. Les princes polonais, Henri Ier et Henri II, ducs de Basse-Silésie, demandent aux templiers de protéger leurs frontières et d'organiser le peuplement de vastes régions vides d'hommes, comme ils le font en Espagne. L'engagement des templiers de Pologne et de Hongrie contre les Mongols lors de l'été 1241 s'avère efficace.

10. Alain Demurger, *Les templiers, une chevalerie chrétienne au Moyen Âge*, *op. cit.*

Les activités financières du Temple

Des activités nécessaires

Contrairement à une idée souvent colportée, les templiers n'ont pas été les « banquiers de l'Occident ». Ils ont eu cependant des activités financières, en utilisant certaines pratiques bancaires, afin de remplir en Terre sainte la mission qui leur incombait. Ces opérations de banque portent sur des dépôts de fonds, des prêts, des avances et cautions, le portage d'espèces sonnantes et trébuchantes. Comme l'écrit Léopold Delisle, « il n'y a aucune exagération à dire que le trésor du Temple a été, pendant tout le XIIIe siècle, la caisse où se centralisent et s'administrent les ressources financières destinées aux croisades et aux différents besoins de la Terre sainte [1]. »

Opérations financières auprès des rois de France

Dès 1146, le roi de France Louis VII confie le trésor royal au Temple, lors de son départ pour la deuxième croisade. Se trouvant démuni en

1. Léopold Delisle, *Mémoire sur les opérations financières des templiers*, tome 33, Institut national de France, 1889.

Terre sainte, il doit également emprunter aux templiers une importante somme. Lors des croisades suivantes, les souverains français font régulièrement appel au Temple, pour diverses opérations financières : dépôt du trésor royal, emprunts, paiements de mandats sur le trésor...
« Comment couvrir les dépenses indispensables à la survie de la Terre sainte ? Il fallait éviter dans la mesure du possible les transferts de métaux précieux et de numéraire, écrit Yves Dossat. Saint Louis, pendant la croisade et son séjour en Orient, recourut au moyen qui lui permit de disposer commodément des sommes nécessaires, grâce aux versements faits sur place par les marchands ou banquiers italiens, placentins ou siennois en particulier. Il ne restait plus au roi qu'à tirer des mandats sur le trésor, payables à Paris, au Temple, sur simple présentation par les représentants des sociétés créancières.
« Lorsque le roi avait fixé le montant de la somme attribuée à la Terre sainte, la chancellerie rédigeait des lettres mentionnant chacune une somme à emprunter. Le remboursement se faisait au Temple sur présentation de l'acte et de l'attestation de paiement du patriarche. En général, ces documents n'ont pas été conservés dans les archives.
« La chancellerie royale prit la précaution d'établir deux exemplaires de chaque acte. Ces dispositions ont été appliquées en 1267. Pour cette année, nous avons un dossier complet. Louis IX mit à la disposition des défenseurs de la Terre sainte la somme de 4 200 livres tournois [2]. »

Opérations financières avec d'autres royaumes d'Occident

L'Angleterre fait également appel aux templiers sur le plan financier. Sous le règne d'Henri II (1135-1189), l'ordre du Temple se voit confier la garde d'une partie du trésor royal, ainsi que d'importantes sommes privées à faire fructifier. Le même souverain emprunte des montants importants, afin de financer les croisades. Édouard Ier d'Angleterre (1272-1307) emprunte 28 000 livres au Temple de Paris.
Les souverains du royaume de Naples et de Sicile, comme Charles Ier d'Anjou, ainsi que ceux du royaume d'Aragon font également appel au Temple pour les aider à gérer leurs finances.

2. Yves Dossat, *Cahiers de Fanjeaux, n° 18*, Éditions Privat, 1983.

AUPRÈS DES PARTICULIERS ET DES PÈLERINS

Diverses commanderies sont le lieu de dépôts d'espèces et de bijoux, placés en sûreté par de riches bourgeois ou seigneurs. Des maisons templières pratiquent des opérations financières, à côté des activités principales, comme l'agriculture et l'élevage.
« Les dons et redevances en numéraire donnaient à l'ordre des disponibilités financières importantes, écrit Antoine-Régis Carcenac. L'esprit pratique des templiers, qui répugnaient à laisser ces sommes improductives, les a ainsi conduits à consentir des prêts qui offraient un double avantage : satisfaire les besoins des emprunteurs potentiels et investir un capital disponible en vue d'une rémunération, avec des garanties à toute épreuve et même l'éventualité d'un accroissement de la fortune immobilière de l'ordre.
« Une simple commanderie rurale comme Sainte-Eulalie du Larzac devait remplir, à son échelle, ce rôle de banquier, les seules opérations qui ont laissé des traces dans la documentation étant des prêts avec mort-gage. En quoi consiste cette opération ? Pour garantir le remboursement du prêt, le débiteur transfère au créancier un bien immobilier dont ce dernier a la jouissance et perçoit les revenus qui constituent son intérêt, au contraire du vif-gage où les fruits sont imputés sur le capital. Il y a dans tous les cas dépossession du débiteur au bénéfice du créancier. Les archives de Sainte-Eulalie contiennent cinquante prêts avec gage immobilier [3]. »
Craignant d'être détroussés par des bandits de grand chemin, les pèlerins, qu'ils aillent en Terre sainte ou en des sanctuaires d'Occident, prennent l'habitude de confier leur argent à l'une des maisons du Temple, qui leur délivre une attestation de crédit identique à la somme reçue, qui est ensuite gardée dans des huches, dont seul le trésorier de l'ordre possède la clé.
Les templiers se font un devoir de protéger les dépôts des pèlerins et des croisés.
Lorsque Saint Louis est capturé par le sultan d'Égypte, en avril 1250, ce dernier exige une rançon de deux cent mille livres pour sa libération.
Une partie de cette somme, trente mille livres, provient du Temple, tandis que le reste, le plus important, vient des banquiers italiens.

3. Antoine-Régis Carcenac, *La commanderie du Temple de Sainte-Eulalie du Larzac*, Éditions Lacour, 1994.

LES ORIGINES DIVERSES DE LA RICHESSE DU TEMPLE

Les nombreuses commanderies prospèrent grâce aux donations et aux achats judicieux de terres et de biens. Les seigneurs, faisant vœu de pauvreté au moment d'entrer dans l'ordre, font don d'une importante partie de leurs biens. D'autre part, tout l'Occident chrétien, rois, ducs et comtes, seigneurs et bourgeois consentent des donations considérables « pour le salut de leur âme ».

L'exemple de la Bretagne est probant : « D'après une charte, écrit Patrick Huchet, datant sans doute de la fin du XIIIe siècle, à l'époque où les ducs de Bretagne centralisent le pouvoir dans leurs mains et que les templiers ont besoin de titres pour sauvegarder leurs droits, on constate qu'ils possèdent des biens dans près d'une centaine de cités du duché (Nantes, Rennes, Vitré, Lamballe...), et dans toutes les campagnes des neufs évêchés bretons. Riches et pauvres, "puissants seigneurs et vils manants", tous donnent au Temple, qui un champ, qui une vigne, certain une maison, un autre une rente [4]. »

Les opérations commerciales du Temple, pour financer en partie les activités en Terre sainte, sont un aspect peu connu. Les templiers vendent leurs productions agricoles, mises en valeur dans leurs commanderies, sur les marchés et les foires, comme en Champagne et en Île-de-France. En Bretagne, ils construisent des échoppes et des boutiques, pour ensuite les louer. Ils se querellent avec l'évêque de Nantes, au sujet de ses droits sur la vente des vins.

Quêtes et redevances procurent des recettes appréciables à l'ordre du Temple. Les templiers font des quêtes, une fois l'an, dans chaque église d'Occident. D'autre part, les paroissiens peuvent suivre les offices religieux dans les chapelles des commanderies et consentir des aumônes.

En tant que seigneurs, disposant d'un droit de haute et basse justice, les commandeurs du Temple perçoivent des droits et redevances sur les moulins, pêcheries, chasses, coupes de bois, foires et marchés.

4. Patrick Huchet, *op. cit.*

Des droits et des richesses qui suscitent jalousies et conflits

Si l'ordre du Temple a suscité une large unanimité au XIIe siècle, du fait de son rôle prépondérant dans la défense de la Terre sainte. Il en va autrement au siècle suivant, marqué par la renaissance de l'État capétien et l'affirmation du pouvoir monarchique. Devant la fortune et la puissance grandissante des templiers, la méfiance se fait jour au sein de la royauté, qui se transforme peu à peu en hostilité déclarée. L'antagonisme se développe également entre les commanderies templières et les seigneuries locales. Les templiers perçoivent d'importantes taxes et redevances (droit de banalité sur l'usage des moulins, de tonlieu sur les marchandises étalées durant les foires et marchés...), diminuant d'autant les revenus de seigneuries proches. De plus, les commandeurs, bénéficiant des droits de haute et basse justice, reçoivent l'hommage de leurs vassaux.

Au début du XIIIe siècle, le baron de Clisson, seigneur d'un domaine breton portant le même nom, attaque la commanderie templière voisine, s'empare des richesses, poursuit le vassal des templiers et le tue dans le cimetière attenant à l'église, défiant ainsi le droit d'asile reconnu. L'ordre du Temple réclame justice auprès d'Étienne de La Bruère, évêque de Nantes. Ce dernier rend une sentence sans concession en 1213, condamnant le seigneur de Clisson à restituer l'ensemble des biens au Temple. Il doit également céder une partie de sa seigneurie, ainsi que verser une importante somme d'argent à la commanderie.

En ce même XIIIe siècle, le seigneur Pierre d'Assérac refuse de reconnaître le droit qu'ont les templiers de lever la moitié des droits de la foire de Saint-Lyphard, en Brière. Il jette plusieurs frères de l'ordre en prison. Sur plainte du commandeur, il est mis en demeure de réparer ses torts, s'y refuse et va être excommunié. Cette sentence n'est levée qu'en mars 1222, lorsque Pierre d'Assérac s'engage à respecter les droits du Temple et à libérer les prisonniers.

Dans la région de Chartres, la commanderie d'Arville connaît un développement important, qui suscite bien des jalousies. En 1205 et en 1213, le vicomte de Châteaudun conteste vivement certains droits d'usage accordés aux templiers dans la région. Le Temple porte l'affaire jusqu'au pape Honorius III, qui excommunie le vicomte en mai 1216.

« Dans le Larzac, en 1257, écrit Patrick Huchet, les templiers citent à comparaître les seigneurs de Roquefeuil, à la suite des ravages commis par ces derniers sur leurs biens [5]. »

5. Alain Demurger, *Les templiers, une chevalerie chrétienne au Moyen Âge*, *op. cit.*

En 1128, le comte Thibaud de Champagne s'empare des biens des templiers, qui portent plainte et se voient reconnaître leur bon droit l'année suivante. Thibaud refuse de s'exécuter. L'affaire ne sera finalement réglée qu'en 1255 : les frères du Temple retrouvent leurs biens, mais ne peuvent plus en acheter, sans l'accord des comtes de Champagne.

Tout en défendant ses droits face au pouvoir seigneurial, le Temple fait de même face à l'autorité ecclésiastique, comme le démontrent de multiples affaires, dont celle de Belle-Lande. En 1199, deux seigneurs, Guillaume de Saint-Martin et Archambaud de Charme, font donation aux templiers de tous leurs biens à Belle-Lande, près d'Épuisay en Eure-et-Loir, ainsi que les droits nécessaires pour y établir une exploitation agricole. Ceux concernant les revenus ecclésiastiques n'ont cependant pas été précisés. En 1212, la forêt de Belle-Lande ayant été défrichée, un nouveau village voit le jour. « Face aux templiers, écrit Patrick Huchet, qui voulaient s'accaparer ces revenus, le curé d'Épuisay revendiqua le bénéfice des "prémices, oblations et tous autres droits qui appartiennent à ma paroisse". C'est l'évêque de Chartres, Regnaud de Mouçon, qui jugea le différend : les templiers auraient les revenus une année, le curé d'Épuisay l'année suivante [6]. »

Comme nous l'avons déjà signalé, les souverains occidentaux ont souvent soutenu le développement du Temple, en lui accordant au XIIe siècle des donations importantes. Certains l'ont également considéré comme un allié solide face aux prétentions des seigneurs féodaux. La situation se dégrade peu à peu au XIIIe siècle.

Paris demeure le siège principal de la maison templière d'Occident, celle où réside le maître de la milice. Au début du XIIIe siècle, les frères y font construire une église octogonale, sur le modèle du Saint-Sépulcre, un donjon, des murailles et autres tours, le tout représentant le vaste enclos du Temple, dont l'importance apparaît comme un défi au pouvoir royal. L'attitude des Capétiens est d'ailleurs révélatrice des changements de relation de la royauté à l'encontre du Temple. Appuyé par les rois Louis VII et Philippe Auguste, allant même jusqu'à confier la garde du trésor royal aux templiers, le Temple se voit ensuite imposer des contraintes à sa volonté expansionniste, avant d'entrer en conflit ouvert avec Philippe le Bel.

En Angleterre, la situation se dégrade d'une façon identique à celle de la France. Gardien d'une partie du trésor royal au XIIe siècle, le Temple va perdre la faveur du souverain au siècle suivant, surtout sous

6. Alain Demurger, *Le crépuscule des templiers*, Éditions Payot, 2002.

*Philippe Auguste.
Un roi exemplaire et conquérant.*

Édouard Ier (1270-1307), qui s'empare même des coffres des particuliers, confiés aux templiers.
En Espagne les templiers bénéficient d'une excellente réputation, en raison de leur rôle actif dans la Reconquista, la reconquête des terres aux mains des Maures. Les souverains des royaumes chrétiens du nord de l'Espagne leur accordent de nombreuses donations, châteaux et terres. Au XIIIe siècle, les privilèges sont supprimés, des impôts et redevances sont exigés. Bien à l'abri de puissantes forteresses, comme Monzon, Granana, Barbera, Ponferrada, les templiers peuvent défier le pouvoir royal.

La fin de l'ordre du Temple

Pouvoir spirituel et pouvoir temporel

Au début du XIVe siècle, l'ordre du Temple se trouve au sommet de sa puissance. Entre le Rhône et le Rhin, les templiers continuent à implanter des commanderies. Ils spéculent malgré les remontrances des évêques. Le pape interdit le prêt avec intérêts, les templiers n'en ont cure, tournent cette difficulté en comptant des agios sur les lettres de change. Ils sont les banquiers de certains souverains. Ils ont des places fortes dans tous les royaumes. Les familles nobles ont au moins un de leurs membres chez les templiers. L'armée templière aligne quinze mille hommes, dont mille cinq cents chevaliers d'élite. Ils contrôlent les routes principales, grâce aux commanderies qui forment un réseau dans tout l'Occident. Des centaines de commanderies se trouvent implantées à des positions stratégiques importantes : axes de circulation, débouchés des vallées, ports d'embarquement. Les templiers, qui ne relèvent que de l'autorité du pape, n'ont que faire des puissants de ce monde, souverains et seigneurs.

Le conflit permanent, entre les ambitions du Saint-Siège et celles du roi de France, fait du Temple le bras armé de la papauté. Surtout que le fondement du pape Innocent III (1198-1216) repose sur la théocratie, la supériorité du pape sur les souverains politiques. Il déclare que « la dignité royale n'est qu'un reflet de la dignité pontificale [1] ». Il estime que le pape a le droit de disposer des couronnes des princes temporels

1. Cité par Partick Huchet, *op. cit.*

Philippe IV le Bel, instigateur de la chute des Templiers qui l'avaient pourtant soutenu lors de son conflit avec la papauté.

de façon à en dessaisir ceux qui en sont indignes. Innocent III intervient directement dans les querelles de succession concernant le Saint Empire romain germanique, ainsi que dans les affaires intérieures du royaume d'Angleterre. Il se trouve confronté à la résistance du roi de France. L'un des successeurs d'Innocent III, Boniface VIII, pape depuis le 24 décembre 1294, tente d'imposer cette conception théocratique de la société. Il entre en conflit avec le roi de France, Philippe le Bel, sacré en 1286. En 1302, Boniface VIII publie la bulle *Unam Sanctam*, proclamant la supériorité du pape sur tous les hommes, quelles que soient leurs conditions, rois ou empereurs. Philippe le Bel, qui ne veut pas voir son royaume absorbé par l'Église romaine, convoque peu après, en la cathédrale Notre-Dame de Paris, les premiers états généraux de l'histoire de France, et fait condamner la bulle pontificale. Avec l'aide de son conseiller, Guillaume de Nogaret, il suggère la réunion d'un concile, pour déposer Boniface VIII. Ce dernier réplique en excommuniant Philippe le Bel et sa famille, par la bulle *Super Patri Solio*. Philippe le Bel accuse le pape de divers crimes, allant de la simonie et de l'hérésie à l'inceste, le Saint-Père vivrait en concubinage avec deux de ses nièces, dont il aurait eu de l'une et de l'autre plusieurs enfants. Un guet-apens est ensuite tendu au pape, retiré en sa ville natale, Agnani, par Nogaret et ses complices, comme Sciara Colonna, un cardinal dont la famille a été spoliée par le pape qui a réparti tous les biens saisis entre ses neveux. L'entrevue, qui a lieu le 7 septembre 1303, est dramatique. « Colonna gifle le pape, écrit Pierre Ripert, et l'aurait sans doute tué sans Nogaret, qui s'interpose (outre la condamnation à l'exil des siens, Sciara Colonna a une raison supplémentaire de haïr Boniface VIII : pour lui échapper, il s'est embarqué sur un bateau tombé aux mains de corsaires : pendant trois ans, il a dû ramer à bord d'une galère en taisant son identité, afin de ne pas lui être livré). Boniface refuse d'abdiquer, maudit le roi de France jusqu'à la quatrième génération, traite Colonna de fils de pute et est enfermé dans un cachot pendant trois jours. Le quatrième jour, la population de la ville, alertée par des prêtres, chasse le détachement français, mais le pape, qui a soixante-quinze ans, ne se remet pas de la gifle et de l'affront [2]. »

2. Pierre Ripert, *op. cit.*

Il meurt peu après, le 11 octobre 1303. Le 22 octobre de cette même année, lui succède Benoît XI, qui, soucieux d'apaiser les tensions, accorde son pardon aux comploteurs, exception faite de Nogaret, petit-fils d'un cathare brûlé par l'Inquisition, qui accuse le pape d'inceste, de simonie et d'hérésie...
Le pontificat de Benoît va être de courte durée, puisqu'il meurt quelques mois plus tard, le 7 juillet 1304, après avoir mangé des figues empoisonnées... Après six mois de conclave, les cardinaux élisent, le 5 juin 1305, Bertrand de Got, archevêque de Bordeaux, descendant d'une grande et riche famille de Guyenne. Réputé être un adversaire farouche du roi de France, Clément V (Bertrand de Got) a en fait négocié son élection avec Philippe le Bel, grâce au soutien des cardinaux français. Pour remercier Philippe le Bel de cet appui, Clément V fait lever l'excommunication de Nogaret, à condition que ce dernier effectue un pèlerinage en Terre sainte, ce qu'il n'aura jamais la possibilité de faire. Mais avec Clément V, l'intention suffit... Les fêtes du couronnement du nouveau pape se déroulent à Lyon, au grand mécontentement des cardinaux romains qui s'aperçoivent qu'ils ont été roulés. « Fêtes endeuillées par la chute d'un mur, lors du passage du cortège, qui tue le duc de Bretagne, un frère du pape et blesse un frère du roi. Le pape en a sa mitre brisée, et plusieurs y voient un présage néfaste, écrit Pierre Ripert. D'autant qu'au banquet qui suit la première messe pontificale, une rixe éclate entre chevaliers français et cardinaux italiens. Un second frère du pape est tué ! Et pour ne point déplaire au roi de France, Clément V installe pour un demi-siècle la papauté en Avignon. Avec un tel pape, le sort de templiers (qui n'ont pas pris le parti du roi de France, dans son conflit avec Boniface VIII, ce qui les aurait peut-être sauvés) est scellé [3]. »

PHILIPPE LE BEL ET L'ARGENT

Philippe le Bel lorgne avec avidité l'immense fortune des templiers. Le pays est en partie ruiné par les guerres successives menées aussi bien en Guyenne qu'en Flandre. Ces graves difficultés financières forcent le roi à altérer la valeur des monnaies, ce qui lui vaut le surnom de « roi faux-monnayeur ». Il se livre à des persécutions contre les juifs et les marchands lombards, taxant lourdement leurs bénéfices et

3. Idem.

Sciarra Colonna frappe le pape Boniface VIII au visage, de son gantelet de fer.

confisquant leurs biens. L'appui de Philippe le Bel à Bertrand de Got pour son élection pontificale ne s'est pas fait sans contrepartie. Clément V accorde au roi de France la dîme des églises pour trois ans. La vie quotidienne n'en demeure pas moins difficile et les impôts toujours plus lourds. Les guerres de Flandre ont engendré une crise financière, au moyen de dévaluations monétaires. La crise de 1306 entraîne la révolte du peuple de Paris et pour échapper à la vindicte populaire, Philippe le Bel, suprême humiliation, doit se réfugier quelque temps derrière les hauts murs de la forteresse du Temple de Paris !

Les maladresses de Jacques de Molay, maître du Temple

Élu en 1293 maître de l'ordre du Temple à Chypre, Jacques de Molay doit se rendre en France, suite à une convocation adressée en 1306 par le pape Clément V, afin de discuter du projet d'une nouvelle croisade. Dans ce courrier, le souverain pontife lui fait part de son souhait d'une fusion entre les deux principaux ordres, le Temple et l'Hôpital.

« Jacques de Molay lui adresse un mémoire prônant le statu quo et met en avant de bien faibles arguments, écrit Patrick Huchet. Ainsi soutient-il que la générosité des fidèles sera moins grande s'il n'y a plus qu'un seul ordre ; que l'Hôpital et le Temple, ayant l'habitude d'occuper l'avant-garde et l'arrière-garde dans les batailles contre les Sarrasins, si l'on supprime le Temple, il manquera forcément l'une ou l'autre position !

« Répondant à la convocation papale, le maître quitte l'île de Chypre, à la fin de l'année 1306. Il ne la reverra plus. Son destin, comme celui de tous les autres frères, se joue désormais en terre de France [4]. »

Rumeurs et accusations

À son arrivée en France, en 1307, Jacques de Molay est surpris d'apprendre que des rumeurs détestables ne cessent de se multiplier à l'encontre du Temple, qui a pourtant perdu plus de vingt mille des siens lors des croisades. On reproche aux templiers de monstrueux faits

4. Patrick Huchet, *op. cit.*

d'impiété, d'idolâtrie et de luxure. Les agents du roi de France se font un malin plaisir à les colporter. D'anciens templiers, chassés de l'ordre pour inconduite notoire, se vengent en accusant le Temple de tous les péchés. Esquieu de Floyran, un bourgeois de Béziers, se trouve en prison dans le même cachot qu'un templier apostat. Les deux hommes, condamnés à mort, se confessent mutuellement leurs péchés. Après avoir entendu son compagnon de cellule, Esquieu de Floyran fait appeler un officier du roi, qui accepte curieusement de se déplacer, et lui déclare qu'il a un secret important à révéler au roi de France seul.

Le roi Philippe le Bel, qui ne supporte plus la puissance affichée des templiers, fait venir Esquieu de Floyran à Paris, le reçoit avec ses conseillers. Esquieu parle librement, et le templier renégat, convoqué à son tour, confirme. Philippe le Bel jubile et fait libérer les deux hommes.

Esquieu n'en est pas à sa première tentative. Après avoir essayé, en vain, de monnayer ses informations auprès du roi d'Aragon, Jacques II, en 1305, il se tourne donc vers le roi de France, dans l'espoir d'une oreille plus attentive, ainsi que d'un dédommagement conséquent… Guillaume de Nogaret, fidèle agent de Philippe le Bel, se charge de rassembler d'autres « témoignages » calomnieux à l'encontre du Temple.

Il n'y a pas que les agents du roi de France pour déverser les accusations les plus terribles. Les hospitaliers, vieux rivaux du Temple, ne les rejettent pas. Les dominicains, ordre mendiant qui recrute ses moines aussi bien chez les nobles que chez les roturiers, détestent les templiers, ces chevaliers qui prennent des libertés avec la loi du Christ en portant l'épée et ne refusent pas le dialogue avec les « infidèles » de l'islam. Chargé de la « sainte inquisition », l'ordre dominicain a déjà lutté d'une main de fer contre le catharisme, en dirigeant notamment les interrogatoires des « hérétiques » à l'aide de la torture…

On accuse les templiers de s'être convertis secrètement à l'islam et d'adorer la tête d'une idole, appelée Mahomet, puis par déformation Baphomet. « C'est évidemment absurde, écrit Alain Demurger, puisque l'islam rejette absolument toute représentation humaine liée au divin [...]. On en revient à l'islam, l'islam tel que le connaissent les chrétiens d'alors et qui n'a pas grand-chose à voir avec la réalité : les musulmans sont idolâtres, alors que, justement, Mahomet a imposé le message divin contre les idoles vénérées par les anciens Arabes [5]. »

On comprend très bien comment les accusateurs se sont servis de cet argument, la conversion secrète des templiers à l'islam, afin de manipuler une opinion toute disposée à les suivre sur ce point.

5. Alain Demurger, *Les templiers, une chevalerie chrétienne au Moyen Âge*, *op. cit.*

Cette conversion forme l'un des filons de l'inépuisable « sottisier templier ». C'est oublier que les chefs musulmans n'ont presque jamais épargné leurs prisonniers templiers, représentant à leurs yeux le noyau dur de l'offensive chrétienne contre l'islam.

Pour Philippe le Bel, les ordres militaires internationaux sont des obstacles au développement des monarchies centralisées, ils n'ont pas leur place dans l'État moderne, ils doivent donc se soumettre ou disparaître. Le Temple, l'ordre le plus puissant de l'époque, devient le bouc émissaire. Tous les moyens sont bons pour le diffamer. Dans le « bêtisier » des accusations portées à l'encontre des templiers ont trouve le reniement du Christ et de la croix, l'adoration d'idoles (crapaud et chat noir), les désordres sexuels comme le baiser sur l'anus et la sodomie, la crémation d'enfants, fruits des amours d'un frère et d'une vierge... Ce sont les dominicains qui, lors des procès des templiers, vont diriger les « interrogatoires »...

Informé des accusations portées contre les templiers, Jacques de Molay, qui préside un chapitre général de l'ordre à Paris, en juin 1307, s'adresse au pape Clément V pour lui demander d'ouvrir une enquête qui, pense-t-il, leur rendra leur honneur. Le 24 août 1307, Clément V accède à la requête et fait savoir à Philippe le Bel « que les dignitaires de l'ordre, informés de la dénonciation, demandent justice contre les délateurs, si l'accusation est mal fondée, et se soumettent aux plus rigoureuses peines, s'ils sont jugés coupables [6] ».

Pressé d'en finir avec les templiers, Philippe le Bel, roi de France, n'attend pas les résultats de l'enquête pontificale : le 14 septembre 1307, il fait partir une correspondance à tous les baillis et sénéchaux de son royaume, justifiant l'arrestation des templiers. L'extrait d'un courrier, adressé aux chevaliers Hugues de La Celle et Oudard de Molendinis, commissaires du roi, est sans ambiguïté :

« C'est une chose amère, une chose déplorable, une chose assurément horrible à penser, terrible à entendre, un crime détestable, un forfait exécrable, et de grand et de prodigieux scandale, au rapport de plusieurs personnages dignes de foi, non toutes fois sans grand étonnement et frayeur, qui est parvenu à nos oreilles : que les templiers, cachant le loup sous l'apparence de l'agneau, quand ils entrent en leur ordre, nient par trois fois Jésus-Christ, lui crachent autant de fois contre la face et, tout nus, baisent celui qui les reçoit en premier lieu, à l'anus, en second au nombril et enfin, à la bouche [...] [7]. »

6. Alain Demurger, *Le crépuscule des templiers*, Éditions Payot, 2002.
7. Cité par Patrick Huchet, *op. cit.*

Philippe le Bel détaille ensuite la longue liste des « crimes » dont sont coupables les chevaliers du Temple et conclut par des instructions précises, afin de les arrêter le vendredi 13 octobre 1307.

L'ARRESTATION DES TEMPLIERS

Le jeudi 12 octobre, le maître du Temple, Jacques de Molay, assiste en tant que prince souverain, aux côtés de Philippe le Bel, aux obsèques de Catherine du Courtenay, épouse de Charles de Valois (frère du roi de France). Il ne peut se douter qu'il sera demain en prison.
En effet, le lendemain matin même, le chancelier (garde des Sceaux) de Philippe le Bel, celui qui a joué un rôle essentiel dans cette monstrueuse machination, Guillaume de Nogaret, accompagné d'une forte escorte armée, se présente aux portes de la maison templière de Paris, pour arrêter le maître et les cent trente-huit frères présents. « Proprement abasourdis par une telle audace, écrit Patrick Huchet, les templiers se laissent enfermer, sans résister, dans les "basses fosses", la prison de la forteresse [8]. »
Dans les principales commanderies du royaume, baillis et sénéchaux, escortés de soldats, se présentent, munis de l'ordonnance royale, pour signifier leur arrestation aux commandeurs et frères du Temple. Il en va ainsi en Normandie, où les officiers royaux s'emparent du précepteur de la région, Geoffroy de Charnay, des commandeurs et chevaliers des maisons templières de Baugy, Bretteville, Courval, Voismer, Renneville… Certains sont emprisonnés à Caen, d'autres à Rouen et Gisors. Leurs biens sont inventoriés et confiés à des commissaires royaux, dans l'attente des décisions de justice. Cette rafle policière sans précédent est sans conteste un succès pour Philippe le Bel : à part Gérard de Villers, maître de la milice en France, les principaux dignitaires de l'ordre sont capturés. Plusieurs centaines de prisonniers se trouvent en prison et attendent désormais leur jugement. Dans certaines régions, comme le Sud-Ouest et le Sud-Est, les templiers prennent la fuite, se cachent dans des monastères bienveillants ou résistent les armes à la main dans des châteaux escarpés.
Soucieux de se concilier les faveurs du peuple et de l'Église de France, Philippe le Bel agit avec habileté, pour justifier l'arrestation des templiers. Dès le 14 octobre 1307, il fait intervenir Nogaret qui prononce un discours plein de haine, dénonçant les « fautes » des templiers,

8. Idem.

face aux chanoines et docteurs de l'Université, rassemblés dans une salle capitulaire de Notre-Dame de Paris. Le lendemain, le peuple est invité à se réunir dans les jardins du palais, afin de prendre connaissance des « abominations » commises par le Temple, dénoncées par des conseillers du roi et des frères dominicains, représentant la redoutable Inquisition.
Le lundi 16 octobre 1307, Philippe le Bel écrit aux principaux souverains des royaumes d'Europe pour les informer de l'arrestation des templiers en France et les inviter à faire de même. « Incrédules, écrit Patrick Huchet, la plupart des souverains répondent d'abord par la négative, à l'image du roi d'Angleterre, Édouard II (pourtant gendre du roi de France) ou de celui d'Aragon, Jacques II, avant que ne paraisse, le 22 novembre 1307, la bulle papale *Pastoralis praeminentiae*, ordonnant l'arrestation des templiers et la mise sous séquestre de leurs biens… sous la tutelle de l'Église ! Là est bien l'un des enjeux majeurs de ce « combat des chefs », entre le roi de France, le pape et le maître du Temple : quel est l'avenir des immenses possessions de l'ordre [9] ? »
Philippe le Bel n'attend guère le soutien officiel du pape pour arracher les « aveux » aux principaux chefs du Temple. Il confie la rude tâche des interrogatoires des prisonniers à son confesseur, le dominicain Guillaume de Paris, représentant l'Inquisition en France. Le pape est pourtant l'unique autorité à pouvoir déclencher la procédure d'Inquisition. Le roi de France n'en a que faire. La réaction de Clément V ne se fait pas attendre : il suspend les pouvoirs de Guillaume de Paris et, le 17 octobre, réunit les templiers de l'administration pontificale, afin de les assurer de sa protection. Deux jours plus tard, les premiers « aveux » tombent. Les interrogatoires des cent trente-huit templiers emprisonnés à Paris ont débuté, sous la conduite du dominicain Guillaume de Paris, malgré l'interdiction du pape. Étranges « interrogatoires », en effet, où les templiers qui ne veulent pas « avouer » sont soumis à d'horribles tortures, au point que trente-huit d'entre eux succombent aux cruels supplices.
Les méthodes employées par les dominicains et les tortionnaires pour faire parler les templiers n'ont rien à envier aux pires méthodes de la Gestapo :
« On dépouillait le chevalier, écrit Pierre Ripert, on lui liait les mains derrière le dos, on attachait des poids énormes à ses pieds, et la corde qui serrait ses mains passait par une poulie placée en haut de l'instrument de torture. Au signal des inquisiteurs, la corde était tirée, et le patient était suspendu en l'air, et tout son corps cruellement tiraillé.

9. Idem.

« L'une des variations de cette torture de la corde consistait à hisser le corps, à lâcher ensuite rapidement la corde et à retenir tout à coup le corps retombant de tout son poids ; la chute et son arrêt disloquaient les membres du patient, et causaient d'horribles douleurs.

« On employait aussi la torture du feu. On enchâssait les pieds nus du patient dans un carcan, on les enduisait de graisse, et on les présentait à un feu ardent ; lorsque la douleur devenait insupportable, on plaçait entre les pieds et le feu une planche qui coupait la chaleur et atténuait la douleur ; si le patient persistait dans ses dénégations, on relevait la planche, et la douleur revenait avec les flammes.

« Il y avait aussi la torture des talons : on étendait le patient par terre, on enfermait son talon nu dans un talon concave en fer que l'on resserrait à volonté, et cette compression causait une douleur insupportable. Le chevalier Bernard Dugué de Vado montrera ainsi, à des envoyés du pape, deux os tombés de ses talons, à la suite de ce supplice. Si la faiblesse du corps ne permettait pas d'autres tortures, on plaçait entre chaque doigt du patient des baguettes coniques, que l'on pressait jusqu'à faire craquer les os des doigts.

« Outre ces tourments ordinaires, dans certaines régions, on leur arrachait les dents, dans d'autres on leur faisait calciner les pieds, dans d'autres encore on les pendait par les parties génitales…

« L'interrogatoire achevé, le patient était jeté dans une cellule, sans soins, au pain et à l'eau.

« Les dominicains maniaient aussi le chantage : aux suppliciés, ils montraient des lettres où pendait le sceau du roi de France, promettant la liberté, voire une pension s'ils voulaient bien témoigner contre l'ordre qui, leur assuraient-ils, était, malgré leur entêtement à le défendre, déjà condamné [10]… »

On comprend alors comment certains templiers finissent par « avouer » les crimes qui leurs sont imputés. Philippe le Bel affirme ainsi avoir les « preuves » du comportement « pervers » des frères, considérés comme hérétiques.

Les templiers sont désormais l'enjeu d'une lutte d'influence entre le pape et le roi de France. Clément V est conscient de la volonté de Philippe le Bel d'affaiblir le Saint-Siège, en emprisonnant les chevaliers du Temple, bras armé de l'Église. Mais Clément V est un mou, un indécis, résidant de plus en Avignon, à portée des armées royales. Des rumeurs l'accusent d'avoir pour principale maîtresse la comtesse de Foix… Il vivrait en Avignon entouré d'une cour de maîtresses et de mignons.

10. Pierre Ripert, *op. cit.*

Jacques de Molay, dernier grand maître de l'ordre des Templiers, à la torture.

À l'instar de plusieurs papes de l'époque, il enrichit outrageusement sa famille. Quant à Jacques de Molay, le maître des templiers, plus soldat que diplomate, il n'a pas su percevoir à temps l'hostilité dont son ordre était l'objet.

Face à l'avidité foncière du roi de France, le pape tente de reprendre la main en promulguant, le 27 novembre 1307, une bulle pontificale qui ordonne l'arrestation de tous les templiers en Europe, ainsi que la mise sous tutelle de leurs biens par l'Église. La bulle affirme également que les biens leur seront rendus, si le Temple est reconnu innocent, à la suite du procès qui va s'engager. Par cette manœuvre, Clément V tente de placer les templiers sous sa protection et leurs biens à l'abri des convoitises des puissants du pouvoir temporel.

En décembre 1307, Clément V délègue deux cardinaux, Étienne de Suisy et Béranger de Fredol, auprès de Philippe le Bel, pour avoir la confirmation que celui-ci place effectivement les templiers et leurs biens sous la tutelle de l'Église. Le roi de France accepte cette décision en apparence, mais suggère que, pour des raisons matérielles, l'Église n'ayant pas les moyens de les garder, personnes et biens restent sous son contrôle !
Les deux cardinaux interrogent, à leur tour, à huis clos, Jacques de Molay et quelques dignitaires du Temple, dont Hugues de Pairaud. Ils dénoncent les tortures physiques, les pressions morales qu'on leur a fait subir pour arracher les « aveux », qu'ils révoquent ensuite. Selon le chroniqueur Guillaume de Nangis, « il arriva que quelques-uns avouèrent d'eux-mêmes en pleurant une grande partie ou la totalité de ces crimes. Les uns, conduits, à ce qu'il paraît, par le repentir ; les autres, mis à la question, par différents supplices, ou effrayés par la menace ou l'aspect des tourments, d'autres entraînés ou altérés par des promesses engageantes ; d'autres enfin tourmentés et forcés par la faim qui les pressait dans leur prison, ou contraints de beaucoup d'autres manières, avouèrent la vérité de ces accusations. Mais un grand nombre nièrent absolument tout, et plusieurs qui avaient d'abord avoué nièrent ensuite et persistèrent jusqu'à la fin dans leurs dénégations ; quelques-uns d'entre eux périrent au milieu des tortures [11] ».
Clément V sait désormais à quoi s'en tenir au sujet des prétendues « confessions » des templiers. En février 1308, il révoque le pouvoir des inquisiteurs et suspend les procédures en cours. Philippe le Bel réagit en convoquant, en mars 1308, les états généraux à Tours, dans le but d'inciter le peuple à réclamer le juste châtiment des fautes commises par les templiers. Il fait ensuite circuler des textes accusant les templiers de tous les crimes. Il fait intervenir ses deux conseillers, Nogaret et Plaisians, tout à sa dévotion, afin d'exercer une pression constante sur le pape.
Un consistoire se tient le 29 mai 1308, en présence du pape, auquel Plaisians présente la position de Philippe le Bel. Il réclame le rétablissement de l'Inquisition et la suppression de l'ordre du Temple. Clément V finit par céder et demande à entendre lui-même des templiers emprisonnés, ainsi que leurs dignitaires. Le roi de France contre la manœuvre en lui faisant amener, à Poitiers, soixante-douze templiers soigneusement sélectionnés. « Sortis des sinistres geôles où ils croupissent, écrit Patrick Huchet, dans d'atroces conditions, les fers aux pieds, sans doute par crainte de subir de nouvelles tortures, les frères du Temple réitèrent devant le pape les aveux précédents [...]. Les dépositions sont accablan-

11. Cité par Alain Demurger, *Le crépuscule des templiers*, *op. cit.*

tes, mais elles sont le fait de frères sergents essentiellement, dont certains ne faisaient plus partie de l'ordre. Le pape veut entendre à tout prix les dignitaires, espérant certainement de toutes autres confessions. Le « diabolique » Nogaret a saisi le danger, aussi fait-il enfermer Jacques de Molay et les autres dignitaires au château de Chinon, prétextant qu'ils sont trop malades pour se rendre à Poitiers [12]. »

Clément V, nullement dupe, délègue trois cardinaux (Étienne de Suisy, Béranger de Fredol et Landolphe de Brancaccio) à Chinon pour les entendre. Au début du mois d'août 1308, les trois représentants du pape, en présence des conseillers du roi Plaisians et Nogaret (ce qui est parfaitement illégal), interrogent successivement Rimbaud de Caron, précepteur de Chypre, Geoffroy de Charnay, précepteur de Normandie, Geoffroy de Gonneville, précepteur d'Aquitaine et du Poitou, Hugues de Pairaud, visiteur en France et enfin, Jacques de Molay, maître de l'ordre du Temple. Sous la menace d'être torturés à nouveau, les malheureux reconnaissent les « crimes » dont ils sont accusés et implorent la miséricorde royale.

Le procès des templiers et leurs condamnations

Clément V donne finalement son accord pour que la justice soit rendue, dans la bulle *Faciens misericordiam*, le 12 août 1308. Le procès de l'ordre doit s'engager dans tous les États et royaumes où il est présent, sous la direction de commissions pontificales, dont le pape désigne les participants. Les templiers, en tant que personnes physiques, vont être jugés par les commissions diocésaines, dont les évêques nomment les membres. Les templiers coupables seront jugés par les conciles provinciaux. Les dominicains inquisiteurs, dont le tristement célèbre Guillaume de Paris, sont rétablis dans leurs fonctions. Le pape se réserve le jugement des principaux dignitaires. Les templiers demeurent en prison, sous la garde de Philippe le Bel, leurs biens étant gérés conjointement par des agents royaux et cléricaux. Un concile général, prévu en 1310 à Vienne, décidera du sort définitif de l'Ordre, après consultation des rapports des commissions pontificales.

Les commissions épiscopales et pontificales se mettent en place lentement, aussi bien en France qu'à l'étranger. Dans le royaume de France,

12. Patrick Huchet, *op. cit.*

la première commission épiscopale, comprenant des évêques favorables à Philippe le Bel, s'ouvre à Paris le 8 août 1309. Les templiers sont en théorie entendus comme témoins, or, dans la réalité, ayant déjà « avoué » sous la torture, ils ne peuvent se rétracter, sous peine d'être considérés comme relaps et donc condamnés au bûcher. La première commission pontificale, chargée de juger l'ordre, en tant que personne morale, débute le 12 novembre 1309, au palais de Paris. Aucun frère du Temple ne se présente. Il faut attendre le 22 novembre, pour assister à la déposition assez confuse de Jean de Melot, templier du diocèse de Besançon. Les frères qui le suivent sont aussi décevants. Les menaces du roi de France sont à peine voilées. Le templier Hugues de Pairaud refuse de répondre aux questions, demandant à être entendu uniquement par le pape. Le 26 novembre, Jacques de Molay, maître du Temple, comparaît devant la commission. La présence de Plaisians, conseiller du roi, le trouble profondément. Il demande deux jours de réflexion. Le frère qui lui succède, Ponsard de Gisy, précepteur de la commanderie de Payns, celle du fondateur de l'ordre, s'avère plus courageux. Interrogé le 27 novembre, il dénonce les aveux arrachés sous la torture :

« Les accusations portées contre l'ordre, à savoir le reniement du Christ, le crachement sur la Croix, la permission donnée aux frères de s'unir charnellement, et les autres énormités qu'on nous oppose, sont fausses ! Tout ce que nous avons avoué devant l'évêque de Paris et ailleurs, moi et les autres frères du Temple, était faux. Nous n'avons avoué que contraints par le danger et la terreur, parce que nous étions torturés. Trois mois avant les aveux que je fis devant le seigneur-évêque de Paris, je fus placé dans une fosse, les mains liées derrière le dos si fortement que le sang coulait jusqu'à mes ongles, et j'y restai l'espace d'une heure.

« Je proteste que, si on me remet encore à la torture, je renierai tout ce que je viens de dire et dirai tout ce qu'on voudra. Autant je suis prêt à souffrir, pourvu que le supplice soit court, la décapitation, le feu ou l'ébouillantement, autant je suis incapable de supporter les longs tourments dans lesquels je me suis déjà trouvé en subissant un emprisonnement de deux ans [13]. »

Lors de l'audition de seize templiers, le 6 février 1310, tous affirment vouloir défendre l'ordre. Le lendemain, les frères de Clermont clament également leur innocence, suivis en ce sens par l'immense majorité des templiers, questionnés les semaines suivantes. Il en est ainsi, le 28 mars 1310, lors de l'interrogatoire collectif de cinq cent cinquante frères, rassemblés dans un champ, derrière le palais épiscopal.

13. Cité par Alain Demurger, *Le crépuscule des templiers*, *op. cit.*

Chevalier templier en habit de guerre du XIVe siècle. Gravure de 1830.

Templier en habit de maison. Gravure du XIXe siècle.

Saint Bernard de Clairvaux (1090-1153), fondateur de l'ordre des Cisterciens et premier patron de l'Ordre des Templiers, consigne la règle à ses frères et à ses moines. Peinture de Simone dei Crocefissi, XIV*ᵉ siècle. Bologne, Pinacothèque Nationale Italienne.*
© Fototeca/Leemage

Godefroy de Bouillon, duc de Basse-Lorraine, élu « Avoué du Saint Sépulcre de Jérusalem » en 1099 (1061-1100), dirigeant l'attaque de Jérusalem, le 15 juillet 1099. Peinture d'Émile Signol (1804-1892). Châteaux de Versailles et de Trianon.

Philippe de Marigny, adversaire sans pitié du Temple. © Fonds Allard

Philippe le Bel compte bien briser cette résistance inattendue des templiers, malgré des mois de torture et d'emprisonnement. Il fait nommer par le pape, à la tête de l'archevêché vacant de Sens, un évêque qui lui est totalement dévoué, en la personne de Philippe de Marigny, frère de son conseiller Enguerrand de Marigny, adversaire sans pitié du Temple. Dès le mois de mai, il fait brûler de nombreux templiers, après un jugement sommaire. Philippe le Bel compte agir vite. « D'autant que dans les États voisins d'Europe, écrit Pierre Ripert, le verdict est tombé : innocents ! Les templiers sont déclarés innocents le 17 juin à Ravenne, le 1er juillet à Mayence, le 21 octobre à Salamanque [14]... »

Le 16 octobre 1311, le concile de Vienne, dans le Sud-Est de la France, débute afin de régler le sort du Temple, d'entreprendre la réforme de l'Église et d'organiser une éventuelle croisade. Les prélats sont venus d'Angleterre, d'Écosse, d'Irlande, d'Italie, d'Espagne, d'Allemagne, du Danemark et bien entendu de France. Une dizaine de templiers se présentent aux pères conciliaires, affirmant vouloir défendre l'ordre et assurant que plus d'un millier de leurs frères se trouvent dans les environs, prêts à faire de même. Face à cette nouvelle résistance inattendue du Temple, Philippe le Bel convoque les états généraux du royaume à Lyon, tout près de Vienne, en mars 1312. Le 20, le roi de France se dirige sur Vienne, accompagné d'une importante troupe d'hommes armés, afin de faire plier le pape Clément V.

Cette menace suffit à contraindre Clément V à promulguer, le 22 mars 1312, la bulle *Vox in excelso*, prononçant l'abolition de l'ordre du Temple. La bulle *Ad providam*, du 2 mai 1312, décide que les biens de l'ordre sont attribués à l'ordre de l'Hôpital, exception faite de l'Espagne et du Portugal. Comble du cynisme, Philippe le Bel en profite pour présenter aux hospitaliers une facture de deux cent mille livres, concernant la garde et l'entretien des biens du Temple depuis octobre 1307. Une troisième bulle pontificale, *Considerantes dudum*, datée du 6 mai 1302, prévoit que les templiers ayant avoué ou reconnus innocents recevront une pension et pourront rester dans les anciennes maisons de l'ordre, ou dans les monastères de leur choix. Ceux qui ont nié ou se sont rétractés, considérés comme relaps, seront poursuivis et punis avec la plus grande sévérité. Le sort des quatre dignitaires, dont celui de Jacques de Molay, dépend en théorie du pape, mais en réalité la décision finale de Philippe le Bel est bien présente.

14. Pierre Ripert, *op. cit.*

Le 18 mars 1314, les dignitaires du Temple comparaissent devant les cardinaux, sur le parvis de la cathédrale Notre-Dame de Paris. Ce spectacle insolite attire une foule importante. Jacques de Molay, maître de l'Ordre, Hugues de Pairaud, visiteur en France, Geoffroy de Charnay, précepteur en Normandie et Geoffroy de Gonneville, précepteur de Poitou-Aquitaine se présentent, revêtus de leur blanc manteau. On lit, à haute voix, la confession de leurs « crimes », puis la sentence qui les condamne à la prison à vie. Le cardinal d'Albano, représentant le pape, se lève ensuite et prononce un sermon, afin d'exhorter le Maître du Temple à faire ses aveux en public. Jacques de Molay proteste de son innocence :

« Il est temps que je fasse triompher la vérité. Je jure donc, à la face du ciel et de la terre, que tout ce qu'on vient de dire des crimes et de l'impiété des templiers est une horrible calomnie. C'est un ordre saint, juste et orthodoxe ! »

Le précepteur de Normandie, Geoffroy de Charnay, clame également son innocence, à la différence des deux autres dignitaires qui, effrayés par les menaces de Philippe le Bel, gardent le silence ou acceptent la condamnation. Stupéfaits, les cardinaux décident de remettre au lendemain l'examen de cette situation inattendue. Ils se retirent, sous les huées de la foule en colère. Fou de rage, Philippe le Bel convoque le jour même son conseil, sans y appeler les religieux. Consultation de pure forme, puisque sa décision est déjà prise : Jacques de Molay et Geoffroy de Charnay doivent être brûlés vifs, comme relaps le 18 mars 1314, à la nuit tombée.

« Une fois de plus, écrit Patrick Huchet, dans cette lutte opposant pouvoirs spirituels et temporels, le roi de France outrepasse ses droits. Seul le pape (ou ses représentants) pouvait juger et châtier les dignitaires du Temple, en vertu de la bulle *Considerantes dudum*. Faisant fi de la présence des cardinaux, Philippe le Bel fait amener Jacques de Molay et Geoffroy de Charnay sur l'île aux Joncs (près du Pont-Neuf), située entre les jardins du roi et le couvent des augustins.

« Là, tournés vers Notre-Dame, ils sont attachés au poteau et subissent le cruel supplice du bûcher... que les flammes consument si lentement [15]... »

Jacques de Molay, avant de rendre le dernier soupir, se serait écrié :

« Pape Clément... chevalier Guillaume de Nogaret, roi Philippe le Bel... avant un an, je vous cite à paraître au tribunal de Dieu pour y recevoir votre juste châtiment ! Maudits ! Maudits ! tous maudits jusqu'à la treizième génération de vos races [16] ! »

15. Patrick Huchet, *op. cit.*
16. Cité par Pierre Ripert, *op. cit.*

Guillaume de Nogaret, « diabolique » conseiller de Philippe le Bel. © Fonds Allard

Le chroniqueur Guillaume de Nangis écrit « qu'on les vit si résolus à subir le supplice du feu, avec une telle volonté, qu'ils soulevèrent l'admiration chez tous ceux qui assistèrent à leur mort [17] ».
Le dominicain Guillaume de Paris, témoin oculaire et adversaire du Temple, raconte :

« Le Maître, qui vit le feu prêt
S'est dépouillé sans aucune peur.
Et ainsi, comme je le vis, se mit
Tout nu en sa chemise ;
Jamais il ne fut tremblant
Combien qu'on le tire et bouscule.
Ils l'ont pris pour le lier au poteau
Et lui se laisse lier sans crainte.
Ils lui lient les mains d'une corde,
Mais il leur dit ainsi : Seigneurs au moins,
Laissez-moi joindre un peu de mes mains
Et vers Dieu de faire oraison.

17. Cité par Alain Demurger, *Les templiers, une chevalerie chrétienne au Moyen Âge*, *op. cit.*.

Je vois ici mon jugement
Ou mourir me convient librement ;
Dieu sait qui a tort et a péché.
Il va bientôt arriver malheur
À ceux qui nous ont condamnés à tort :
Dieu vengera à notre mort.
Seigneurs, dit-il, sachez
Que tous ceux qui nous sont contraires
Par nous auront à souffrir.
En cette foi je veux mourir.
Voici ma foi ; et je vous prie
Que devant la Vierge Marie,
Dont notre seigneur le Christ fut né,
Mon visage vous tournerez.
On lui a accordé sa requête.
Et si doucement la mort le prit
Que chacun s'en émerveilla [18]. »

Les victimes de l'anathème de Jacques de Molay

Assez curieusement, l'anathème lancé par Jacques de Molay, à l'encontre des principaux ennemis du Temple, semble se réaliser.
Le pape Clément V, atteint de lupus (maladie ulcéreuse de la peau), vidé par des diarrhées et des vomissements, clamant ses remords à l'égard des templiers, s'éteint à Roquemaure, dans le Gard, le 20 avril 1314. « Dès son décès, écrit Pierre Ripert, sa maîtresse, la comtesse de Foix, s'empare des pierreries papales, son neveu et amant fait main basse sur les calices et ornements, ses domestiques gascons volent ce qui reste de ses biens et s'enfuient sans lui donner de sépulture. À peine trouve-t-on un vieux manteau de voyage pour couvrir son cadavre. Mais il est consumé lors de la chute d'un cierge… Ses cendres, plus de deux siècles après, en 1577, seront jetées au vent par les calvinistes, après pillage de son mausolée [19]. »
Guillaume de Nogaret, conseiller « diabolique » de Philippe le Bel, meurt en avril 1314, victime d'un empoisonnement.

18. Idem.
19. Pierre Ripert, *op. cit.*

Enguerrand de Marigny, puissant ministre des Finances royales, s'est bâti une immense fortune qui fait des envieux. Charles de Valois, frère de Philippe le Bel, l'accuse de sorcellerie. Enguerrand de Marigny est pendu au gibet de Montfaucon, en avril 1315, un an après la mort de Jacques de Molay.

Le dominicain Guillaume de Paris, inquisiteur du Temple, fait une chute de cheval en octobre 1314 et meurt peu après.

Philippe le Bel, revenu d'une chasse sur les bords de l'Oise, sent sa mort venir. Il se fait transporter au château de Fontainebleau, là où il est né, dans une salle basse et sombre, pour s'y éteindre à l'âge de quarante-six ans, sans mal visible, au grand étonnement de ses médecins, le 29 novembre 1314, huit mois après la mort de Jacques de Molay

La malédiction de Jacques de Molay n'en est pas terminée pour autant : « Maudits, maudits ! Tous maudits jusqu'à la treizième génération de vos races ! » Les successeurs de Philippe le Bel sur le trône de France ont-ils été victimes de l'anathème ? À chacun d'en juger : Louis X le Hutin meurt à l'âge de vingt-sept ans, victime d'un brusque refroidissement en juin 1316. Jean Ier le Posthume décède cinq jours après sa naissance dans des circonstances étranges. Philippe VI meurt de dysenterie le 3 janvier 1322, âgé seulement de vingt-huit ans. Charles VI meurt de tuberculose, à trente-trois ans, le 31 janvier 1328. Philippe VI meurt le 22 août 1350, âgé de cinquante-sept ans, d'un mal inconnu. Jean II, né le 16 avril 1319, décède en captivité le 8 avril 1364. Charles V succombe à l'âge de quarante-deux ans. Charles VI meurt dans une totale déchéance mentale, le 21 octobre 1422, âgé de cinquante-quatre ans. Charles VII s'éteint le 22 juillet 1461, âgé de cinquante-huit ans. Louis XI est emporté par une congestion cérébrale, le 30 août 1483, à soixante ans. Charles VIII se heurte le front en franchissant une porte basse, à Amboise, et en meurt le 8 avril 1498, à vingt-huit ans. Louis XII, épuisé par une vie de luxure, s'éteint le 1er janvier 1515, à cinquante-deux ans. François Ier, victime de la syphilis, meurt à cinquante-trois ans, à Rambouillet, le 31 mars 1547. Henri II, touché par une lance lors d'un tournoi, expire à quarante ans, le 10 juillet 1559. François II, âgé de vingt ans, meurt d'une mastoïdite le 5 décembre 1560, après avoir, durant plusieurs jours, hurlé de douleur. Charles IX, tuberculeux, s'éteint à Vincennes le 30 mai 1574, à l'âge de vingt-quatre ans. Henri III, poignardé, expire le 2 août 1584, à trente-neuf ans. Henri IV, également poignardé, meurt le 14 mai 1610, à cinquante-sept ans. Louis XIII s'éteint le 14 mai 1643, à quarante-deux ans, victime d'une tuberculose intestinale. Louis XIV, meurt à soixante-dix-sept ans de la gangrène, le 1er septembre 1715. Louis XV meurt de la petite vérole, âgé de soixante-quatre ans, le 10 mai 1774. Louis XVI est guillotiné le 21 janvier 1793, âgé de trente-neuf ans. Louis XVII décède, comme par hasard à la prison du Temple (!) le 8 juin 1795, âgé de dix ans. Avec lui s'arrête la treizième génération de rois maudits par Philippe de Molay [20].

Sort et survivance des templiers dans les autres royaumes d'Occident

En Angleterre, le traitement le plus sévère imposé aux templiers repose sur un emprisonnement provisoire dans leurs propres monastères. En Espagne, les templiers qui se réfugient dans leurs forteresses sont pardonnés après avoir déposé les armes, puis dispersés dans divers ordres religieux, dont principalement celui de Montessa. Au Portugal, ils entrent dans d'autres ordres où on leur confie la libération du territoire, contre les Maures. En Italie, s'ils ne sont nullement inquiétés à Venise, ils subissent en revanche des supplices dans les royaumes de Naples et les États du pape.
Pendant que les soldats de Philippe le Bel pourchassent les templiers en France, Pierre d'Aumont, maître provincial d'Auvergne, parvient à se réfugier en Écosse et se fait élire, quelques années plus tard, maître de l'ordre par des templiers survivants, après avoir aidé le roi d'Écosse Robert Bruce dans sa lutte contre les Anglais à remporter la victoire de Bannockburn, qui assure l'indépendance de l'Écosse, en 1314, l'année même de la mort de Jacques de Molay. Il fait vœu de maintenir l'ordre dans le plus grand secret, jusqu'à sa mort. « En souvenir du Temple de Salomon et de la science d'Hiram, bâtisseur du Temple, écrit Pierre Ripert, les chevaliers groupés autour du Grand maître Pierre d'Aumont se baptisent Architectes Parfaits. C'est cette filiation dite d'Aumont qui sera reprise par le baron Hund, fondateur d'une branche maçonnique au XVIIIe siècle [21]. »
Finalement, en Espagne et au Portugal, les templiers sont reconnus innocents, au concile de Salamanque en octobre 1318. Les templiers du Portugal se regroupent dans un nouvel ordre militaire et religieux, l'ordre du Christ, qui prend pour siège la citadelle de Tomar. Le maître de cet ordre, Henri le Navigateur, participe à l'aventure des grandes découvertes maritimes.
En Allemagne, dont l'empereur s'oppose presque toujours au pape, les templiers sont acquittés et relâchés. En Flandre, les ordres les plus

20. Idem.
21. Idem.

Les armées croisées exultent à la vue de Jérusalem.

sévères du pape ne sont pas appliqués, mais les biens templiers sont saisis et remis aux hospitaliers.
Sur l'île de Chypre, importante base templière, personne n'a oublié que le Temple a perdu plus de vingt mille hommes lors des croisades. Le régent Amaury résiste au pape avant d'ouvrir, en mai 1310, un procès de l'ordre. Nobles et religieux témoignent en faveur du Temple, si bien que la commission papale acquitte les templiers de Chypre.
En France, un certain Jean-Marc Larménius serait devenu le maître d'un ordre clandestin de 1314 à 1324, puis vingt-deux maîtres lui auraient succédé jusqu'au milieu du XIXe siècle, dont Bertrand du Guesclin (1357-1381), connétable de France, Jean et Bertrand d'Armagnac, Henry de Montmorency (1574-1616), Charles de Valois (1616-1651), Philippe d'Orléans, régent de France (1705-1724), Louis-Auguste de Bourbon, duc de Maine (1724-1737), Louis-Henri de Bourbon-Condé (1737-1741), Louis François de Bourbon Conti (1741-1776), Louis de Cossé-Brissac (1776-1792), Bernard-Raymond de Spolète (1804-1838)…
À propos des sociétés secrètes et ordres pseudo-templiers, l'éminent historien Jean Flori, tenant à mettre fin aux hypothèses les plus fumeuses et les plus fantaisistes, écrit : « L'ordre du Temple n'a pourtant rien d'une société secrète. Il est né de la croisade à laquelle son destin est étroitement lié, il a vécu pour elle, il est mort de son échec [22]. »

22. Jean Flori, *Chevaliers et chevalerie au Moyen Âge*, Éditions Hachette, 1998.

Document annexe

Les maîtres de l'ordre du Temple

Hugues de Payns (1118-1136)

Né vers 1070, issu de la maison des comtes de Champagne, il possède le château de Payns en Champagne, entre Méry-sur-Seine et Troyes. Baudouin II, roi de Jérusalem, le charge de rencontrer le pape Honorius II, afin d'obtenir une nouvelle croisade. Le Saint-Père l'envoie au concile de Troyes, en 1128, où l'ordre du Temple reçoit la règle. Hugues de Payns est également chargé de négocier le mariage de Mélisende, fille de Baudouin II, avec Foulques d'Anjou, qui succédera à son beau-père, en 1131. En Terre sainte, Hugues de Payns offre au Temple ses premières victoires militaires. Lorsqu'il meurt le 24 mai 1136, ses funérailles font l'objet d'une grande parade templière à Jérusalem.

Robert de Craon (1136-1147)

Fils de Renaud, seigneur de Craon, Robert est le cadet de trois frères. Il s'installe en Aquitaine où le comte d'Angoulême le fiance avec la fille d'un seigneur du coin. Lorsqu'il prend connaissance de l'existence du Temple, il rend sa parole à sa fiancée, et décide de rejoindre la Terre sainte pour devenir templier. Sa valeur et sa piété lui valent d'être désigné maître de l'ordre à la mort d'Hugues de Payns. Sous son magistère, les templiers sont autorisés par le pape Eugène III à porter la croix pattée rouge. Le pape Innocent II précise les privilèges du Temple, par une bulle du 29 mars 1139.

Évrard des Barres (1147-1150)

Précepteur du Temple en France depuis 1143, il est appelé à la succession de Robert de Craon en 1147. En Terre sainte, il sauve le roi de France Louis VII et son armée, en se portant à leurs secours dans les gorges de Pisidie, durant l'hiver 1147-1148. Écœuré par les rivalités qui opposent les Occidentaux en Terre sainte, au détriment de la chrétienté, il embrasse la vie monastique à l'abbaye de Clairvaux.

Bernard de Tramelay (1151-1153)

Né au château de Tramelay, aux environs de Saint-Claude dans le Jura, il est élu maître de l'ordre en 1151. Il participe à diverses campagnes militaires en Terre sainte, qui vaudront aux templiers une extension de leurs privilèges.

André de Montbard (1154-1156)

Oncle de saint Bernard de Clairvaux, André de Montbard est également l'un des neuf chevaliers fondateurs du Temple, dont il est membre depuis trente ans. C'est déjà un vieil homme lorsqu'il devient maître de l'ordre.

Bertrand de Blanquefort (1156-1169)

Il est le fils de Godefroy de Blanquefort, seigneur en Guyenne, dont la famille s'unira aux Got (ou Goth), une autre grande famille de Gascogne, dont l'un des descendants sera le pape Clément V, celui qui mettra fin à l'existence du Temple. En juin 1157, Bertrand de Blanquefort tombe dans une embuscade, sur les bords du Jourdain, au gué de Jacob. Prisonnier du sultan de Damas, il retrouve sa liberté deux ans plus tard, avec six mille autres captifs. En 1167, il tente de dissuader le roi de Jérusalem d'attaquer l'Égypte. Il prédit au souverain chrétien une expédition catastrophique. L'opération tourne effectivement au désastre pour les croisés. Le pape Alexandre III témoigne de sa gratitude en accordant de nouveaux privilèges à l'ordre.

PHILIPPE DE NAPLOUSE (1169-1170)

Né en Picardie, il a été marié à Isabelle, fille de Baudouin III. Devenu veuf, il entre dans l'ordre du Temple en 1148. Élu maître en 1169, il démissionne l'année suivante, ne supportant plus les rivalités stériles entre les seigneurs chrétiens en Terre sainte. Il aurait achevé sa vie religieuse dans un monastère cistercien.

EUDES DE SAINT-AMAND (1170-1179)

Issu d'une famille du Limousin, Eudes est un chef courageux, actif et intelligent, que les dignitaires choisissent pour s'opposer au redoutable Saladin. À la tête de trois mille trois cent soixante-quinze combattants chrétiens, il remporte une brillante victoire à Ascalon, en Palestine, le 18 novembre 1177, contre les vingt mille guerriers de Saladin. Eudes est malheureusement capturé l'année suivante par Saladin. Refusant tout accord douteux pour être libéré, il meurt à Damas en captivité, le 19 octobre 1179.

ARNAUD DE TOROGE (1181-1184)

Auparavant maître de Provence et d'Espagne, il promet au pape de réconcilier les deux ordres rivaux, templiers et hospitaliers. Mais l'orgueil, l'ambition, l'avarice ont remplacé la sainte humilité du début de la fondation. Arnaud ne pourra que constater la désintégration de l'unité chrétienne en Terre sainte.

JEAN DE TERRIC (1184-1188)

Il tente de s'opposer avec beaucoup de courage aux attaques dévastatrices de Saladin. Il n'y a guère que les templiers et les hospitaliers, qui ont momentanément oublié leurs différends, à se battre héroïquement. Mais face à l'écrasante supériorité numérique de l'adversaire, Jean de Terric est finalement capturé. « Il a promis, lors de sa libération, de ne plus porter les armes contre Saladin, et abdique en 1188, afin que l'ordre ne soit pas tenu de respecter cette promesse [1] », écrit Pierre Ripert.

1. Pierre Ripert, *op. cit.*

GÉRARD DE RIDEFORT (1188-1189)

Issu d'une famille flamande, Gérard de Ridefort est avant tout un homme de guerre. Il trouve une mort héroïque, en couvrant la retraite des armées chrétiennes face aux hordes guerrières de Saladin.

ROBERT DE SABLÉ (1191-1193)

Poète à ses heures, il a été marié et veuf deux fois et a eu deux filles et un garçon, avant de devenir templier. Il participe à diverses campagnes militaires en Terre sainte, dont notamment la bataille d'Arsur, où Saladin perd dix mille guerriers, contre un millier chez les croisés.

GILBERT HÉRAIL (1193-1200)

Il a été précepteur de France, avant de devenir maître de l'ordre. Sous sa direction, le Temple consolide ses positions en Espagne, où il participe activement à la reconquête des derniers bastions musulmans.

PHILIPPE DU PLESSIS (1201-1209)

Il part en guerre contre le roi d'Arménie qui s'est approprié une forteresse templière dans la principauté d'Antioche. Il négocie une trêve avec les musulmans, trêve à laquelle les patriarches de la Terre sainte et les chevaliers teutoniques refusent de s'associer…

GUILLAUME DE CHARTRES (1210-1219)

Guillaume est élu maître du Temple et assiste, la même année que son élection, au couronnement de Jean de Brienne, roi de Jérusalem, nommé par le roi de France Philippe Auguste. Le royaume de Jérusalem n'est plus que l'ombre de lui-même avec uniquement trois places fortes, que les croisés tiendront tant que dureront les rivalités dans les rangs musulmans... Une épidémie de peste ou de typhus s'abat sur les chrétiens en Terre sainte, emportant le maître Guillaume de Chartres au début de l'année 1219.

PIERRE DE MONTAIGU (1219-1232)

Ancien précepteur de Provence et d'Espagne, il doit faire face en Terre sainte aux rivalités qui divisent la chrétienté et aux hordes musulmanes. En Espagne, les templiers poursuivent leur épopée guerrière, font la conquête des îles Baléares en 1230.

ARMAND DE PÉRIGORD (1232-1244)

Issu de la branche aînée des comtes de Périgord, il a été précepteur du Temple en Calabre et en Sicile. Les templiers doivent s'allier au sultan de Damas pour contrer les attaques sanguinaires de peuplades du Turkestan, qui menacent aussi bien les chrétiens que les musulmans.

GUILLAUME DE SONNAC (1247-1250)

Il participe à la septième croisade, menée par Saint Louis, dont l'armée va être décimée à la fois par les musulmans et une épidémie de peste.

RENAUD DE VICHIERS (1250-1252)

Il devient maître de l'ordre du Temple, après la libération de Louis IX (Saint Louis, roi de France) et son installation à Saint-Jean-d'Acre. Il fait œuvre utile en rétablissant les fortifications de Césarée, Jaffa, Sidon et autres places démantelées. Mais Saint Louis et Renaud de Vichiers se brouillent lorsque le premier apprend que le second a négocié une trêve avec le sultan de Damas sans le prévenir. Saint Louis convoque le maître du Temple, l'oblige à s'agenouiller devant lui, comme un vassal, et lui impose une forte amende. Renaud doit ensuite démissionner. Durant sa courte maîtrise, il a cependant été en mesure de récupérer tous les biens que l'empereur Frédéric II avait pris aux templiers.

Thomas Bérard (1252-1273)

Dès le départ de Saint Louis, les querelles entre templiers et hospitaliers reprennent de plus belle en Terre sainte. Thomas Bérard obtient cependant un accord entre les deux ordres pour repousser les assauts du sultan d'Égypte.

Guillaume de Beaujeu (1273-1291)

Il a été commandeur de la Pouille, en Italie, avant d'être élu maître du Temple le 13 mai 1273. Au Portugal et à Chypre, les rois confisquent des domaines templiers. Guillaume de Beaujeu en appelle au pape, qui tranche en faveur du Temple. Il défend avec bravoure la cité de Saint-Jean-d'Acre, dernière place forte chrétienne en Terre sainte, menacée par une importante armée sarrasine. Ne restent dans la place pour se battre que les templiers, les hospitaliers et les teutoniques. Guillaume trouve la mort lors des combats.

Thibaud Gaudin (1291-1292)

Ancien lieutenant de Guillaume de Beaujeu, il est élu par les templiers, dans la ville de Saint-Jean-d'Acre, livrée aux assauts des guerriers sarrasins. Il parvient à rejoindre Chypre, où les hospitaliers se sont déjà repliés. La Palestine est perdue. À la fin de l'été 1291, les musulmans ont effacé toutes les traces de l'implantation chrétienne, qui a duré presque deux cents ans.

Jacques de Molay (1298-1314)

Né vers 1244 dans une famille noble de la Franche-Comté, il est un militaire plus qu'un politique. À l'époque de son élection à la direction du Temple, Kazan, le chef des Tartares mongols, s'allie au roi d'Arménie pour déclarer la guerre au sultan d'Égypte. En 1299, il propose même aux templiers et aux hospitaliers de leur rendre la Terre sainte, dès qu'il l'aura occupée, s'ils s'associent à son combat. Templiers et hospitaliers lèvent des troupes et remportent une grande victoire contre le sultan d'Égypte. Ils retrouvent la Terre sainte sans fortifications. Ils commencent à relever les murailles de Jérusalem, lorsque le Khan quitte la Terre sainte avec ses guerriers pour mettre fin à une révolte en Perse. Templiers et hospitaliers se retrouvent seuls, sans renforts, face au sultan d'Égypte. Pour éviter un carnage identique à celui de Saint-Jean-d'Acre, les templiers et les hospitaliers quittent définitivement la ville sainte. Un temps installés à Chypre, Jacques de Molay et ses templiers rejoignent la France, dont le quartier général se trouve transféré à Paris. « L'Ordre, écrit Pierre Ripert, est né de chevaliers du royaume de France, il y retourne. C'en est fini de la gloire de l'ordre, de l'épopée templière, et des exploits des chevaliers à la croix pattée dans les déserts de la Terre sainte. Philippe le Bel qui, depuis le palais du Louvre, a vue sur le donjon du Temple, prépare sa chute [2]. »

2. Pierre Ripert, *op. cit.*

BIBLIOGRAPHIE

BAUDOUIN Bernard, *La fantastique épopée des croisades 1096-1291*, Éditions De Vecchi, 2003.

BORDONOVE Georges, *La vie quotidienne des templiers au XIIIe siècle*, Éditions Hachette, 2000.
La tragédie des templiers, Éditions Pygmalion, 1998.

BORDONOVE Jean, *Les croisades et le royaume de Jérusalem*, Éditions Pygmalion, 1992.

BRIAIS Bernard et Ruffieux Jean-Marie, *Les templiers*, Éditions du Seuil, 1985.

CARCENAC Antoine-Régis, *La commanderie du Temple de Sainte-Eulalie du Larzac*, Éditions Lacour, 1994.

(de) CLAIRVAUX Bernard, *Œuvres complètes*, Éditions du Cerf, 1990.

CLÉMENT Olivier, *Les mystiques chrétiens des origines*, Éditions Stock, 1982.

CURZON Henri, *La Règle du Temple, Société de l'histoire de France*, n° 74, 1886.

DAILLIEZ Laurent, *Les templiers, ces inconnus*, Éditions Perrin, 1972.
Bibliographie du Temple, Éditions CEP, 1972.

DELISLE Léopold, *Mémoire sur les opérations financières des templiers*, tome 33, Institut national de France, 1889.

DEMURGER Alain, *Vie et mort du Temple*, Éditions du Seuil, 1993.
Le crépuscule des templiers, Éditions Payot, 2002.
Les templiers, une chevalerie chrétienne au Moyen Âge, Éditions du Seuil, 2005.

DERMENGHEN Émile, *Mahomet*, Éditions La Baconière, s.d.

DOSSAT Yves, *Cahiers de Fanjeaux, n° 18*, Éditions Privat, 1983.

DUBOURG Jacques, *Les templiers dans le sud-ouest de la France*, Éditions Sud-Ouest, 2001. *Encyclopédie des religions*, Éditions Bayard, 1997.

FAVIER Jean, *Philippe le Bel*, Éditions Fayard, 1999.

FLORI Jean, *Chevaliers et chevalerie au Moyen Âge*, Éditions Hachette, 1998.

GOBRY Ivan, *Le procès des templiers*, Éditions Perrin, 1995.

HAPEL Bruno, *L'ordre du Temple*, les textes fondateurs, Éditions Trédaniel, 1991.

HUCHET Patrick, *Les templiers, de la gloire à la tragédie*, Éditions Ouest-France, 2002.
L'Évangile de Thomas, Éditions Albin Michel, 1990.
La Bible de Jérusalem, Éditions du Cerf, 1993.

LAMY Michel, *Les templiers*, Éditions Aubéron, 1994.

LASCAUX Michel, *Les templiers en Normandie*, Éditions Ouest-France, 1983.

LELOUP Jean-Yves, *Introduction aux « vrais philosophes », Les Pères grecs : un continent oublié de la pensée occidentale*, Éditions Albin Michel, 1998.

LOSSKY Wladimir, *Théologie mystique de l'Église d'Orient*, Éditions Aubier, 1944.

MAALOUF Amin, *Les croisades vues par les Arabes*, Éditions J'ai Lu, 1983.

MICHELET Jules, *Le procès des templiers*, Paris, 1841-1851.

MORRISSON Cécile, *Les Croisades*, Éditions PUF, 2003.

NORMAN Daniel, *L'islam et l'Occident*, Éditions du Cerf, 1993.

Œuvres complètes de saint Augustin, Éditions Desclée de Brouwer, 1980.

OURSEL Raymond, *Le procès des templiers*, Éditions Denoël, 1955.

PERNOUD Régine, *Les templiers*, Éditions PUF, 1994.
Les templiers, chevaliers du Christ, Éditions Gallimard, 1995.

RICHARD Jean, *L'esprit de la croisade*, Éditions du Cerf, 1969.
Histoire des croisades, Éditions Fayard, 1996.

RILEY-SMITH Jonathan, *Atlas des croisades*, Éditions Autrement, 1996.

RIPERT Pierre, *L'épopée templière*, Éditions Pierre de Soleil, 2001.

SÉVILLA Jean, *Historiquement correct, pour en finir avec le passé unique*, Éditions Perrin, 2003.

SKALI Faouzi, *La voie soufie*, Éditions Albin Michel, 1993.

(de) VITRY Jacques, *Lettres de la cinquième croisade*, Éditions Brepols, 1998.

Principaux ouvrages de Dominique Lormier

L'Italie en guerre 1915-1918, Éditions Ulysse, 1986.

Les guerres de Mussolini, Éditions Grancher, 1988.

La Résistance dans le Sud-Ouest, Éditions Sud-Ouest, 1989.

L'épopée du corps franc Pommiès, Éditions Grancher, 1990.

Le livre d'or de la Résistance dans le Sud-Ouest, Éditions Sud-Ouest, 1991.

Les FFI au combat, Éditions Grancher, 1994.

Souvenirs de la guerre 1939-1945, Éditions Sud-Ouest, 1995.

La montagne de lumière (roman), Éditions Souny, 1995.

Gabriele D'Annunzio en France, 1910-1915, Éditions J/D-Atlantica, 1997.

Mussolini, Éditions Chronique, 1997.

Rommel, Éditions Chronique, 1998.

Jacques Chaban-Delmas, Éditions CMD, 1998.

Bernadette Soubirous, Éditions CMD, 1999.

Histoire de la France militaire et résistante, Éditions du Rocher, 2000.

Orthon le farfadet et autres histoires mystérieuses de l'Aquitaine, Éditions du Rocher, 2001.

Jean-Pierre Schnetzler, itinéraire d'un bouddhiste occidental, Éditions Desclée de Brouwer, 2001.

Les combats victorieux de la Résistance dans la libération, 1944-1945, Éditions du Cherche-Midi, 2002.

Les voies de la sérénité, les grandes religions et l'harmonie intérieure, Éditions Philippe Lebaud, 2002.

Regards chrétiens sur le bouddhisme, de la diabolisation aux convergences, Éditions Dervy, 2002.

Le grand livre des fantômes, Éditions Trajectoire, 2003.

Lama Namgyal, vie et enseignement d'un moine bouddhiste occidental, Éditions les Presses de la Renaissance, 2003.

Rommel (biographie), la fin d'un mythe, Éditions du Cherche-Midi, 2003.

Les chercheurs d'Absolu, Éditions du Félin, 2003.

Lama Guendune, un grand maître tibétain en France, Éditions Oxus, 2003.

Les vies antérieures, des preuves pour la réincarnation, Éditions du Félin, 2004.

Histoire de la presse en France, Éditions De Vecchi, 2004.

Les jésuites, Éditions De Vecchi, 2005.

Les voies spirituelles du bonheur, Éditions InFolio, 2005.

Comme des lions ! Le sacrifice héroïque de l'armée française en mai-juin 1940, Éditions Calmann-Lévy, 2005.

TABLE DES MATIÈRES

Achevé d'imprimer en novembre 2005
à Milan, Italie,
sur les presses de Ingraf s.r.l.

Dépôt légal : novembre 2005
Numéro d'éditeur : 9431